모두의 타로

TAROT

FOR BEGINNERS

E HANGED MAN.

THE FOOL.

THE MOON.

UEEN of WANDS.

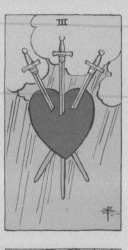
III

V

XV

THE DEVIL.

IX

THE HERMIT.

VI

VIII

III

ACE of WANDS.

II

IV

II

VII

X

IV

XIII

모두의 타로

TAROT

— FOR BEGINNERS —

공감과 치유로 이끄는 힐링 타로 가이드

멕 헤이어츠 지음 최경은 옮김 최현주(힐링타로 아카데미 원장) 감수

빚은
책들

추천사

　　오늘날 잠시도 손에서 놓지 못하는 스마트폰을 개발한 위대한 스티브 잡스도 인간은 완벽하지 않다고 정의했다. 이렇게 완벽하지 않은 존재는 늘 불안해하고 우울해하며 탐심에서 한시라도 벗어나지 못한다. 그래서 건강식품을 먹고, 매일 걷고 달리며, 헬스다, 요가다, 명상이다, 상담이다 각종 치료 등등 힐링을 찾아 헤매고 있다. 뿐만 아니라 이미 자연의 일부이며 자연 속에 있음에도 불구하고 자연으로 돌아가자고 외치는 다양한 프로그램을 만들어 모두 자기 것이 최상이라고 소리치고 있는 게 현실이다. 그런 것이 삶에서 중요하기도 하고 도움이 되지 않는 것은 아니지만, '무엇이, 어떤 것들이 우리의 괴로운 마음을 잡아 줄 것이며, 누가 행복의 길을 찾아 줄 것인가?'라는 고민으로 나는 많은 시간을 보냈다. 꽤 길게 힘든 시간이 내게 있었기 때문이다.

　　분노와 걱정, 스트레스, 진로 선택, 친구와의 결별, 타인으로부터의 따돌림과 무시, 우울함, 실수, 과중한 책임감, 희생, 질병, 좌절, 폭언, 무관심, 억압과 억제 등 문제들 때문에 죽음까지 생각했던 시간이 떠오른다. 이런 시간이 내게만 있는 것은 아닌데 이러한 부정적인 생각 탓에 혼자 고민만 하고 해결책은 아무것도 찾지 못한 채 방황하며 한 발짝도 앞으로 나아가지 못할 때 나는 타로 카드를 만났다.

　　그리고 타로 카드를 들여다보며 괴로움과 고통이 조금씩 경감되는 나의 모습을 발견하곤 그 과정을 어느덧 즐기게 됐다. 타로 카드로 사람을 만나고, 이야기를 나누고, 가르치고, 상담하며 이 길을 나의 인생길로 정했다. 그 길을 걸어가는 여정 속에서 많은 사람과 인연을 맺었고, 힘들고 고통스러운 삶 앞에 놓인 분이 타로 카드의 원형적 상징에서 위로받고, 마음을 추스르며 앞으로 씩씩하게 나아가는 모습을 보았다. 그 덕분에 타로 카드로 상담하는 게 얼마나 잘한 일인지 보람을 느끼게 되었다.

　　과거 서양이나 동양 그리고 우리 문화에서 점(占)이 혼자서 해결하기 어려운 문제가 생겼을 때 도움을 청하는 인생 상담으로서 오랜 세월 동안 자리 잡아 왔다는 사실을 우리는 쉽게 알 수 있다. 우리의 생활 여정에서 경험론적인 관점의 이해와 밀접한 관련을 맺으며 점은 그 기능을 해왔다. 이렇게 점이 서민의 심성에 미치는 순기능적인 영향은 도외시된 채, 점을 봐주는 자의 상업적이고 비윤리적인 목적으로 남용돼 혹세무민의 결과를 초래한다는 역기능적인 면만 부각됨으로써, 점은 타파해야 할 미신으로 간주되었다. 따라서 점의 문화는 문화 전반에서 물러나 점을 보는 상담자나 내담자 모두 당당하게 자신의 행위를 드러낼 수 없는 음성적 문화의 형태로 유지돼 왔다. 타로 카드 역시 이런 측면에서 미신으로 인식되고 있는 것이 우리 현실이다. 그러나 앞으로 타로 카드는 인간의 문화 속에서 함께해 온 내재된 전통 의식을 파악하고 지금의 실정에 맞게 상담을 효율적으로 이끌어 나가는 데 필요한 도구로 초점을 맞추어야 할 때라고 본다.

따라서 타로 카드를 활용한 상담은,

첫째, 타로 카드에 나타나는 원형적 상징을 통해 자기 존재의 어려움을 어떻게 대면할 것인가? 둘째, 질문에서 동시성원리로 선택돼 나온 타로 카드의 원형적 상징을 삶에 어떻게 적용할 것인가? 셋째, 이러한 원형적 상징을 통해 열린 의식이 상담자나 내담자인 우리에게 어떤 실천적 변화를 가져다주는가?라는 흐름으로 진행되어야 한다고 본다. 즉, 괴로움의 실체를 파악하는 논리적인 인식이 아니라 실체의 본질에 접근하는 내면적 상호작용을 통해 우리의 영혼 깊은 곳에서 탄생하는 암시적 메시지에 귀를 기울이는 데 타로 카드에서 나타난 원형적 상징이 활용돼야 할 것이다.

지금은 나 홀로의 시대, 상업주의 시대. 물질 만능의 과소비적 시대다. 성공 위주의 신화로 인간의 존엄성을 왜곡하고, 오직 대중매체만을 통해 개인의 가치를 판단하는 시대에, 자존감에 상처를 받고, 삶의 공허를 느끼며 좌절해 무의미하게 살고 있는 사람에게 타로 카드의 원형적 상징이 도움이 되기를 간절히 바란다. 타로 카드에 나타난 원형적 상징을 바로 이해함으로써 자신이 원하는 삶의 과정을 창조하고, 온전하게 삶의 주인공으로서 살게 하는 데 도움을 받기를 역시 바란다. 살아가면서 위기의 순간을 만날 때, 소통의 어려움이 생길 때, 어떻게 해야 할지 모를 때 이 책이 힘과 용기가 되기를 희망한다. 끝으로 나와 같은 생각을 가지고 책을 쓴 저자가 있기에 너무 반갑고 행복하다. 저자에게 깊은 감사의 마음을 전한다.

최현주의 힐링타로 아카데미에서
최현주 올림

차례

소개

나는 오리건 주 포틀랜드에서 열린 어느 심령 박람회에서 난생처음 타로 리딩을 받았다. 그때만 해도 심령술이나 타로에는 문외한이었다. 대학 시절에 겨울 방학을 맞아 집에 내려왔는데 엄마가 박람회에 같이 가보자고 했다. 막연히 심령술은 직관이 적용되는 신기한 분야일 뿐이라고 생각했다.

그런데 놀랍게도 나에게 타로 리딩을 해 준 사람은 당시 내가 직면한 문제를 곧바로 읽어 냈고 나에게 도움이 되는 것을 명확히 짚었다. 내가 뽑은 카드를 읽은 그 사람 덕분에 나는 당시 장거리 연애 때문에 힘겨워하던 심정을 털어 놓을 수 있었다. 그녀는 내가 느낀 분노와 갈망 같은 감정을 인생의 더 큰 타임라인이라는 맥락에서 해석해 주었다. 나는 그런 생각을 열아홉 살이 되도록 해 본 적이 없었다. 그때까지만 해도 여러 감정에 빠져서 한없이 허우적대고 있었는데 이제 그런 감정을 구체적으로 볼 수 있게 되었다. 덕분에 새로운 관점으로 문제를 바라보았고 희망을 얻었다.

그렇게 첫 타로 리딩이 끝나고 나니 호기심이 싹 텄고 내 마음은 이제 더 이상 침묵하지 않았다. 예전처럼 내 인생을 미워하고 나의 불행을 남들의 탓으로 돌리는 대신 주변 사람과 더욱 친밀한 관계를 쌓을 수 있었고, 나는 이런 신비한 경험에 점점 더

깊이 매혹됐다. 또한 열린 마음으로 나 자신의 경험을 바라볼 수 있게 해 준 도구인 타로 카드의 매력에 빠져들었다. 인생을 살아갈 때도 글을 쓸 때도 매 순간의 감정을 더욱 온전하게 느낄 수 있었다.

그로부터 몇 년이 지난 후 타로 공부를 시작했다. 타로의 매력에 흠뻑 빠져서 석 달 동안 집중적으로 책을 읽고 타로를 배웠다. 친구들과 가족에게 리딩을 해 주면서 나는 지금까지 글쓰기로 직관 훈련을 해 온 것과 다름없다는 점을 깨달았다. 크리에이티브 라이팅 전공으로 녹스 칼리지 학부를 우등으로 졸업하고 캘리포니아 인스티튜트 오브 인테그럴 스터디스(CIIS)에서 '글쓰기와 의식' 전공으로 석사 학위(MFA)를 받았는데, 이런 경험이 한 개인의 구체적인 삶을 추상적인 수제와 연관 지어 강력하고 시적이며 치유력을 지닌 내러티브를 만드는 능력을 갈고닦는 데 상당한 도움이 되었다.

직관을 활용하는 글쓰기 기술과 타로 리딩이 본질적으로 이어져 있다고 확신한 계기는 글쓰기 멘토인 레지나 루이즈가 마련한 워크숍 덕분이다. 여기서 레지나는 워크숍에 참가한 작가들에게 자신의 삶에서 중요한 순간에 관한 구체적인 정보를 몇 가지 말해 보라고 했고 이를 바탕으로 각각의 참가자에 대한 놀라운 신화를 써 내려갔다. 고통스러운 경

험을 아름답게 엮었고 구체적인 부분과 추상적인 부분이 완벽하고도 역동적으로 균형을 이뤘다. 이렇게 연금술처럼 신비한 균형을 이끌어 내는 건 타로 리딩도 마찬가지다.

나는 경험을 쌓으려고 내가 아는 모든 사람에게 무료로 타로 리딩을 해 주겠다고 했다. 대다수는 내 제안을 받아들였고 나에게 타로 리딩을 받고 또 받았다. 리딩 때 허심탄회하게 이야기를 나누면서 내 마음은 정말로 편안해졌다. 오래전 포틀랜드에서 만난 타로 리더가 그랬듯이, 이제는 내가 타로를 보러 온 사람과 마주 앉아 그들이 어떻게 대처해야 할지 잘 몰라 막막해하는 문제에 관한 이야기를 나눴다. 그 시간이 참 소중했다. 타로에 관한 책을 처음 접하고 6개월이 지났을 즈음에는 타로 리딩을 받으러 오는 사람이 꽤 많아져서 본격적으로 시작할 수 있게 되었다.

그런데 대다수 고객은 예전의 나처럼 무지의 심연 속에서 오랜 시간을 허비하고 싶어 하지 않았다. 그 대신에 '어떻게 해야 할지' 내가 알려주기를 바랐다. 하지만 자기 내면을 돌이켜보고 받아들이며 그저 그 안에 충분히 머물러 보기 전에 무작정 '행동'부터 하는 건 효과가 별로 없다.

나한테 타로를 보러 온 작가와 예술가는 여러 가지 주제와 복잡한 문제에 대해 사려 깊은 이야기를 함께 나누고 나서 자신이 '어떤 행동을 취해야 할지' 정확히 알아 냈다. 또한 이야기를 나누는 과정에서 활력을 되찾았다. 처음에 보여 준 힘없이 구부정

나는 타로 덕분에 일상 속에서 끊임없이 직관을 활용한다. 처음 사업을 시작했을 무렵에는 바깥세상에서의 성공이 보장되지 않았지만 내가 어떤 마음의 준비가 돼 있는지, 외적으로는 어떤 준비 작업을 하고 있는지 파악할 수 있었다.

한 자세는 온데간데없어지고 눈에서 피곤한 기색도 사라졌다. 그들은 서둘러 문을 나서면서 어깨 너머로 이렇게 외치곤 했다. "이 특별한 경험을 얼른 그림으로 그리고 싶어요!" (또는 글이나 노래도 마찬가지다.) 예술가들은 각자의 분야에서 미지의 대상을 마주하고 거대한 주제와 고통을 다루는 훈련이 돼 있었다. 자신이 경험한 것을 표현할 준비가 돼 있었고 이런 모멘텀과 성장을 통해 수많은 새로운 경험과 창의적인 프로젝트, 그리고 지금껏 상상해 본 적 없는 삶의 깊은 의미를 받아들일 준비가 돼 있었다.

나를 찾아온 예술가 고객이 에너지를 얻고 뚜렷한 목적의식을 갖게 된 걸 목격하고 나는 작가, 예술가, 공연가, 학자들을 대상으로 타로 리딩을 시작했다. 예술 또는 비즈니스, 사회정의, 인간관계 등 형태는 다르지만 자기 표현으로 자신의 창의적인 목소리를 내려는 열망이 있는 사람이라면 누구든지 여기에 포함된다.

이제 나는 타로 카드로 내면을 들여다보는 데서 그쳐서는 안 된다고 생각한다. 더 성장하려면 그런 통찰력을 행동으로 옮겨야 한다. 나는 개인이나

공동체 안에서 창의적인 표현과 진실함을 추구하는 데 타로의 78가지 '원형'을 활용할 수 있다고 믿는다. 타로에서 얻은 힘을 바탕으로 우리는 더욱 사랑이 넘치고 자유로운 삶을 살 수 있다. 커다란 주제와 영적인 아이디어를 구체적인 일상과 연결 짓기란 쉽지 않다. 타로는 이런 인지 감각을 키우는 놀랍고 멋진 도구 역할을 한다. 하지만 초심자를 위한 타로 책이 카드 속의 추상적인 원형과 상징을 삶에 구체적으로 연결하고 적용하는 모든 기술을 알려주지는 않는다. 타로 리딩에서 얻은 통찰력에서 생겨난 동력을 일상생활에 어떻게 반영하는지도 가르쳐주지 않는다. 이런 기술을 익히는 데는 연습이 필요하며 처음 타로 리딩을 접하는 사람은 대체 어디서부터 시작해야 할지 갈피를 잡지 못한다. '직관을 사용하라', '창의적으로 접근하라'와 같은 지침은 도움이 되기는커녕 벅차고 부담스럽다.

그래서 이 책은 통찰력과 내면의 인지 감각을 마음과 행동으로 연계하는 기술을 구체적으로 소개하고, 연습할 수 있도록 구성했다. 일상의 경험과 삶의 중요한 주제를 서로 연결해 생각해야 한다. 이런 연습이 자연스러운 습관으로 자리 잡으면 더욱 뜻깊고 만족스러운 삶을 살 수 있을 것이다.

나는 지금껏 천 번 이상 타로 리딩을 해 왔다. 그 과정에서 뚜렷한 목표와 용기를 얻은 사람들이 소설을 출간하고, 꿈에 그리던 직장에 들어가고, 갈등을 해소하고, 자신을 있는 그대로 받아들여 사랑하게 되고, 그동안 자신을 괴롭힌 불안과 수치심, 분개심

을 솔직히 털어놓고, 건강하지 못한 결혼 생활을 끝내고, 공동체에서 사회정의를 함양하고, 부모나 자식과의 어긋난 관계에 사랑을 불어넣고, 삶의 동반자를 만나고, 더 의미 있게 사는 모습을 지켜봤다.

나는 타로 덕분에 일상 속에서 끊임없이 직관을 활용한다. 처음 사업을 시작했을 무렵에는 바깥세상에서의 성공이 보장되지 않았지만 내가 어떤 마음의 준비가 돼 있는지, 외적으로는 어떤 준비 작업을 하고 있는지 파악할 수 있었다. 여러 장애물이 있었지만 타로 카드 덕분에 나 자신의 통찰력을 굳게 믿고 계속 나아갈 수 있었던 셈이다. 나는 인내했고 겸손함을 지키면서도 만족감을 느낄 수 있는 사업을 개발했으며 아름다운 내면을 지닌 사람을 만났고 독자 여러분을 위해 이 책을 쓸 수 있게 되었다.

이 책에 실린 지침을 따라가다 보면 여러분도 자신의 통찰력을 인식하고 삶에서 더욱 중요한 주제들을 뚜렷하게 파악하며 그토록 바라온 아름답고 충만한 삶을 살 수 있게 될 것이다. 부디 이 여정을 즐겨주기를 바란다!

PART 1

시작하기

1

타로의 과거와 현재

타로는 우리를 심오한 통찰력으로 인도해 주는 영적인 도구다. 타로를 통해 우리는 창의력을 발휘할 수 있고 자기 자신, 다른 사람, 지구, 그리고 신성한 존재와 이어져 있음을 확인한다. 타로는 인생의 무한함을 경험할 수 있게 해 준다. 타로가 무한한 영적인 경험에 주목하는 반면 78장의 카드는 우리의 유한하고 한정된 세상에서 생겨났다. 역사 속의 특정한 시기에 살았던 사람들이 이처럼 시간이 흘러도 변함없는 원형을 전해 받고 발전시키고 형성하고 분석하고 설명했는데, 그들이 원형에 한계를 부여하기도 했고 영감을 불어넣기도 했다. 이번 장에서는 타로의 역사를 간략하게 살펴본다. 타로 카드의 기원 및 카드에 담긴 이미지와 관련된 영적인 전통을 알아보고 카드가 점술에 쓰이게 된 과정을 살펴보자.

타로의 기원

테이블 게임과 카드는 생겨났을 때부터 점술과 관련이 있었다. 아마도 우리 인간에게는 더 큰 만족과 의미, 또는 스릴에 자신의 운명을 걸어 보고 싶은 본능이 있는 듯하다. 게임이든 인생이든 걸린 것이 많아지면 우리는 자신이 처한 상황을 해석하고 의미를 부여하려 한다. 불확실성을 해소하고 운명을 통제하는 데 도움이 될 만한 단서를 찾아 헤맨다. 그래서 점술과 도박은 사뭇 다르기도 하지만 둘 다 운명을 지배하고 싶은 충동에서 시작됐다고 할 수 있다.

앞으로 이 책을 읽다가 자주 듣게 되겠지만, 일상과 영적인 세계는 복잡하고도 본질적인 관계를 맺고 있다. 그런데 가끔 이런 관계를 분명하게 파악하기 어려울 때도 있다. 타로는 서로 떨어져 있지만 동시에 연결돼 있는 두 가지 세계를 이어주는 가교 역할을 하는 도구다.

카드는 어디서 왔을까?

타로 덱은 메이저 아르카나와 마이너 아르카나로 이루어져 있다. 초기의 메이저 아르카나 카드들은 카니발과 마르디 그라(사순절에 들어가기 전날에 기름진 음식을 먹는 것에서 비롯된 축제) 이전에 존재했던 이탈리아의 사순절 준비 기간 퍼레이드에 쓰였던 다양한 이동식 무대를 모델로 한 것으로 보인다. '트라이엄프'라고 불리던 이 이동식 무대에는 기독교, 영지주의, 이교도의 형상이 혼재돼 있었다. 마이너 아르카나는 일반적인 카드 덱과 매우 유사하며 에이스부터 왕까지 있는 네 가지의 슈트로 이루어져 있다(다만 슈트마다 궁정 카드로 견습기사 카드가 한 장 더 추가된다).

포커, 고 피시(같은 카드를 찾는 게임) 등에 쓰이는 일반적인 카드는 7세기의 이슬람 정복 이전에 페르시아 제국에서 유래한 것으로 보인다. 폴 허슨의 저서 《신비한 타로의 기원》에 따르면 이런 카드들은 13세기 이집트의 아랍 맘루크 술탄 왕국에 전해졌고 그 후 14세기에 유럽에까지 퍼져 나갔다.

15세기에는 밀라노 공국의 통치자였던 필리포 마리아 비스콘티가 카드 덱 제작을 의뢰했는데, 훗날 밀라노 공국의 왕이 될 프란체스코 스포르차와 결혼한 딸 비앙카 마리아 비스콘티를 위한 선물이었다고 한다. 오늘날 비스콘티—스포르차 타로라고 불리는 카드 덱에는 우리가 익히 알고 있는 일반적인 카드 덱에 22장의 카드가 추가돼 있는데, 바로 이런 카드들이 메이저 아르카나가 되었다. 최초의 타로

> ## 원형이란 무엇인가?
>
> 원형은 아주 오래전부터 현재에 이르기까지 전 세계의 신화, 이야기 및 종교에 등장하는 캐릭터, 주제 및 이미지를 가리킨다. 원형 캐릭터에는 어머니 같은 존재, 현명한 노인, 조커 등이 있으며 타로 덱에서는 여황제, 은둔자, 바보가 이에 해당한다. 분석 심리학의 창시자인 칼 융에 따르면 모든 사람이 이런 원형들에 공감하며 이를 통해 서로를 이해한다.

카드 덱은 아닐지 몰라도 비스콘티—스포르차 타로는 지금까지 알려진 것 중 가장 오래된 타로 덱이다.

('승리'를 의미하는 이탈리아어 뜨리온피[trionfi]에서 비롯된) 타로 게임은 유럽 전역에서 선풍적인 인기를 얻었다. 이것은 각각 카드에 점수가 부여되고 플레이어들은 돌아가면서 카드를 뽑고 버리며 가장 높은 점수를 얻는 사람이 이기는 게임이었다.

타로점은 어떻게 인기를 끌었을까?

18세기 전후에 나폴레옹은 이집트를 침공해 수많은 유물을 약탈해서 유럽으로 가져갔다. 그 결과 유럽인 사이에서 이집트에 대한 관심이 높아졌고 고대의 신비주의와 오컬트 전통에 대한 호기심이 유행처럼 퍼져 나갔다. 이 무렵부터 타로 카드를 점술에 활용하기 시작했다. 점술을 목적으로 하는 오컬트 덱이 따로 제작됐고 이에 대한 수요가 점점 늘어났다.

타로의 기원이 아주 오래되고 신비한 것처럼 보이게 하려고 타로의 역사에 관한 가짜 이야기가 생겨났고 많은 사람이 그런 이야기를 실제로 믿었다. 18세기 중엽에 개신교 목사이자 프리메이슨인 앙투안 쿠르 드 게블린은 타로의 기원이 고대 이집트까지 거슬러 올라간다고 주장했으며 이런 의견이 널리 받아들여졌다. 또한 그는 유대교의 신비주의 전통인 카발라와 타로가 서로 관련 있다고 말했다.

이후에 프랑스의 오컬티스트인 엘리파 레비가 카발라의 여러 요소를 메이저 아르카나 및 마이너 아르카나와 연결하는 광범위한 체계를 구축했다. 타로의 기원이 카발라와 연관돼 있다는 레비의 주장 역시 널리 받아들여졌다.

1887년, 영국에서 오컬트를 연구하는 모임인 '황금여명회'가 창설됐다. 이 단체의 회원인 아서 에드워드 웨이트는 타로와 관련이 있거나 그렇게 짐작되는 오컬트 상징체계와 점성술을 한데 모아서 정리했다. 웨이트는 역시 황금여명회의 회원이자 아티스트인 패멀라 콜먼 스미스에게 이런 상징을 활용해 타로 카드 덱을 그려 달라고 부탁했다. 그리고 1910년에 런던의 출판사인 '윌리엄 라이더 앤드 선'이 이 카드 덱을 출시했다.

라이더—웨이트—스미스 덱은 지금도 제작되고 있으며 여전히 인기 있는 점술 도구다. 이 카드 덱은 일반적인 타로 덱으로 인정받고 있으며 여기에 등장하는 78개의 원형을 기반으로 해서 콜렉티브 타로, 힙합 타로, 오쇼 젠 타로 등 수백 가지의 타로 덱이 탄생했다.

타로의 활용

타로 리딩은 단지 잠재적 미래를 살짝 들여다보는 창문 역할에 그치지 않는다. 우리는 타로 리딩으로 현재 처한 상황을 새로운 관점에서 바라볼 수 있고 의사결정을 할 수 있다. 또한 자신을 이해할 수 있고 통찰력과 창의력을 갈고닦을 수 있다. 타로 리딩에는 의식과 무의식, 이성과 비이성 등 수많은 영향력이 한데 모인다. 그래서 타로는 다양한 이해를 조율하고 정돈하는 데 도움이 된다. 또한 시간, 장소

타로에 활기와 매력을 불어넣은 여성

THE HIGH PRIESTESS.

패멀라 콜먼 스미스는 라이더-웨이트-스미스 타로 덱의 아트 디자인을 담당한 인물이다. 그녀는 아서 에드워드 웨이트의 연구를 바탕으로 자신의 영감과 직관을 활용해서 자유롭게 타로 카드를 디자인했다. 마이너 아르카나에 인물과 배경을 그려 넣었고 메이저 아르카나에 겹겹의 이미지를 덧붙여서 독특한 분위기를 살렸다.

콜먼 스미스는 1878년에 런던에서 태어났다. 부모님은 미국인이었으며 맨체스터, 런던, 브루클린, 자메이카 등 여러 도시와 대륙을 옮겨 다니며 자랐다. 성인이 된 후에는 국제 미술, 문학, 연극, 정치 등 다양한 분야에 참여했다. 해외에서 활동하는 극단의 세트 및 의상 디자인을 담당했고 W. B. 예이츠와 《드라큘라》를 쓴 브램 스토커와 같은 작가의 책에 삽화를 그리기도 했다. 또한 여성 참정권 운동에도 힘을 보탰고 사교 모임을 주관하면서 여러 권의 책과 잡지 시리즈를 펴냈다. 콜먼 스미스는 공감각(共感覺, synesthesia)을 느꼈다고 하는데 이는 여러 감각이 신경학적으로 연결돼 있었다는 뜻이다. 그녀는 소리를 볼 수 있었고 베토벤과 슈만, 차이콥스키 음악의 심상을 그림으로 표현했다.

28세였던 1907년에는 뉴욕에 있는 '사진 분리파의 작은 갤러리'에서 전시회를 열기도 했다. 이 갤러리는 저명한 사진가이자 유럽 및 미국의 현대 미술에 지대한 영향을 끼친 앨프리드 스티글리츠가 운영하던 곳으로, 원래는 사진 작품만 전시하던 장소였다. 그런데 콜먼 스미스의 그림을 무척 인상 깊게 본 스티글리츠가 예외적으로 전시 요청을 수락한 것이다. 〈뉴욕 선〉의 극찬을 받은 그녀의 작품은 수많은 관람객을 끌어모았으며 스티글리츠는 큐레이터로서 명성을 얻는다. 이때 전시된 작품의 대다수가 판매됐고 에드바르 뭉크보다 실력이 뛰어나다는 호평까지 들었지만 결과적으로 이 전시회는 콜먼 스미스가 아니라 스티글리츠의 커리어에 전환점이 되었다.

여성이라는 이유로 콜먼 스미스의 예술 활동은 마땅한 인정을 받지 못했고 이 때문에 그녀는 상당한 좌절을 겪었고 실의에 빠졌다. 심지어 콜먼 스미스가 디자인한 타로 카드 덱은 일반적으로 라이더-웨이트 카드라고 불리는데 여기에 그녀의 이름은 완전히 빠져 있다. 최근 들어 타로에 대한 콜먼 스미스의 예술적 해석과 공헌을 인정해야 한다는 목소리가 높아졌다. 이에 따라 그녀와 웨이트가 만든 카드 덱은 점차 라이더-웨이트-스미스 덱으로 불리게 된다. 그러나 안타깝게도 콜먼 스미스는 세상에서 잊힌 채 1951년에 무일푼 신세로 세상을 떠났다.

패멀라 콜먼 스미스의 그림 덕분에 수백만의 사람들이 라이더-웨이트-스미스 카드 덱의 이미지에서 귀중한 지침을 얻을 수 있었다. 타로를 통해 더 많은 생각과 감정을 떠올리고 타로를 쉽게 이해하고 활용할 수 있게 되었고 더욱 심오한 영적 의미를 깨닫게 되었다. 예전에 제임스 기본스 허네커는 〈뉴욕 선〉에 게재한 평론에서 "패멀라 콜먼 스미스는 남녀를 막론하고 '상상력'이라는 드문 재능을 지닌 젊은 예술가"였다고 언급했다.

또는 존재 양식 때문에 분리돼 있던 삶의 부분을 서로 이을 수 있다. 이제는 출근할 때 마음을 집에 두고 오거나, 종교기관에서만 영혼에 대해 생각하거나, 이성을 감정에서 분리할 필요가 없다. 이렇게 연결함으로써 우리는 삶의 모든 부분에서 더욱 충만함을 누리고 생생하게 살아 있다는 기분을 느끼게 된다.

마법은 어디에 있을까?

마법은 대개 눈에 보이지 않는 힘을 빌려 자신의 뜻을 이루는 것을 가리킨다. 또한 마법은 눈에 보이지 않는 힘과 더 큰 비전을 인식하는 점술을 아우르며 여기에는 타로도 포함된다.

일반적으로 마법은 불가사의한 사건이나 대단히 경이로운 일을 가리키는 단어다. 그런데 20세기 초 영국의 오컬티스트인 앨리스터 크롤리는 '마법(magick)'은 사람이 더 큰 목적을 이루려고 취하는 모든 행동을 가리키며 여기에는 일상적인 행동도 포함된다고 강조했다. 크롤리와 마찬가지로 나 역시 평범하거나 무미건조한 일상다반사가 마법의 범주 안에 포함돼야 한다고 생각한다. 우리가 볼 수 있는 사실과 현상을 그 안에 담겨 있는 놀랍고 신비한 본질과 따로 떼어서 생각하기란 매우 어렵기 때문이다. 나는 점술이 비과학적인 방법을 활용해서 (미래를 포함한) 미지의 세계에 대한 정보를 얻는 모든 기술이라고 생각한다. 이런 관점에서는 예술 활동도 점술의 한 종류에 해당한다고 볼 수 있다. 창작 과정에서 이성적 사고의 한계를 넘어서는 통찰을 얻을 수 있기 때문이다. 대부분의 명상도 마찬가지다. 이성적인 생각의 틀에서 벗어남으로써 자신을 이해할 수 있고 영적인 깨달음을 일을 수 있기 때문이다. 나는 마법과 같은 신성한 세계와 평범한 일상이 서로 동떨어져 있지 않다는 점을 알려 주고 싶다. 그렇게 분리함으로써 우리는 자신에게서 점점 멀어져 왔다. 하지만 타로로 온전함과 충만함을 되찾을 수 있다.

물론 역사를 돌이켜보면 권력과 명성을 손에 넣으려고 그릇된 방식의 점술을 이용한 사례도 더러 있다. 그러나 참된 점술은 속임수가 아니라 우리의 모든 경험을 지배하려는 지성의 유혹에 맞서 싸우는 연습이다. 이것은 우리의 몸과 감정, 그리고 자연계의 지혜를 존중하는 것이다.

그런 깨달음은 감상적인 것도, 엉뚱하고 기발한 것도, 원칙이 없는 것도 아니다. 우리 자신과 타인 그리고 생명의 원천인 지구에 대한 양심을 지키며 진실하게 살아가려면 통찰력이 담긴 상대적인 지식이 반드시 필요하다. 때때로 세상에서 점술이 업신여김을 당하는 이유는 점술을 거짓말이나 공상과 한데 묶어 같은 범주로 취급함으로써 비과학적인 지식과 존재의 정당성을 억압하려는 경향이 있기 때문이다.

의미를 추구할 때 엄밀하고 양심적이며 솔직해야 한다고 해서 전적으로 논리에만 의존해야 하는

것은 아니다. 점술 도구로 타로가 효과적인 까닭은 다양한 지식을 함께 조합하기 때문이다. 이 조합에 카드에 얽혀 있는 영적인 전통과 카드에 그려진 보편적이고 문화적인 원형과 상징이 포함되며, 이들은 우리의 무의식과 공명해 깨달음을 이끌어 낸다. 궁극적으로 경험에는 다양한 층위와 한없이 풍부하고 미묘한 의미가 있다. 모든 것에는 의미가 깃들어 있고 아주 작은 행동으로도 그 의미를 이끌어 낼 수 있다.

영적인 전통

메이저 아르카나에는 영지주의(이원론적 사상운동), 가톨릭, 이교도의 이미지가 반영돼 있다. 이 밖에도 점성술, 카발라, 수비학, 연금술 등 다양한 영적인 전통이 담겨 있다. 또한 수정 요법과 아유르베다를 비롯한 여러 영적인 전통이 타로와 관련이 있거나 유사점을 지니고 있다.

원형과 상징

타로에 담긴 이미지는 기억과 감정, 질문과 직관적

초심자를 위한 최고의 연습법

THE SUN.

JUDGEMENT.

타로에는 카드를 뽑기 전에 얼핏 머리를 스친 생각이나 직감이 반영된
다. 이는 (일부러 의식적으로 추론하지 않아도 알거나 이해할 수 있
는 능력인) 직관력을 가다듬는 데 도움이 된다.

무엇보다 타로 카드를 활용하면 현재 우리가 처한 상황에 더 큰 의미가 있
다는 예감이 더욱 분명해진다. (예를 들어 지금 걱정스러운 상황에 부닥쳤는데
이유는 알 수 없지만 왠지 걱정이 안 된다고 해보자. 그런 경우에 카드를 뽑았는데
심판 카드가 나온다면 더욱 고귀한 소명을 깨달았다는 의미. 또한 태양 카드가 나
온다면 상황이 나아지고 정리될 것이라는 뜻이다.) 카드를 통해 외부에서 확인
을 받을수록 일상생활 속의 작고 미묘한 느낌을 더욱 예민하게 감지할 수
있다. 더 나아가 자신의 경험과 인식, 꿈에 유효한 의미가 있다는 것을 믿
게 된다.

바로 이런 이유 때문에 카드 리딩을 하는 동안에는 긴장을 풀고 편안한 마
음을 갖는 것이 중요하다. 카드의 의미와 관련해서는 우리의 기억이 흔들
리는 바로 그 순간이 직관력을 발휘할 기회이기도 하다. 카드가 의미하는
바를 외워 둔다면 정확하게 타로 리닝을 할 수 있겠지만 그렇게 암기한 의
미에 지나치게 의존하면 카드에 담긴 메시지를 직관적으로 이해하고 신뢰
하는 데는 방해가 될 수 있다. 카드의 의미를 책에서 찾아보기 전에 그 카
드에 대한 자신의 직관적인 반응을 해석하는 데 시간을 투자하라.

인 이해를 불러일으킨다. 이를 통해 자신의 내면으로 들어가서 외부 세계의 진실을 인식하고 표현하게 된다. 이때 타로는 도구 역할을 하며 우리는 카드에 그려진 인물 및 상황을 일상생활에서 쉽게 찾아볼 수 있다.

마법사는 내 친구일 수도 있고 검의 왕은 상사일 수도 있다. 운명의 수레바퀴는 하룻밤 사이에 어떻게 운명이 바뀔 수 있는지 보여준다. 타로 덱에 담겨 있는 상징은 천주교와 유대교, 그리스 및 이집트 신화에서 유래했다. 이렇게 다양한 전통이 타로에 반영되는 과정에서 중요한 맥락이 사라지기는 했지만 여전히 수백만의 사람들이 이런 상징과 이미지에 담긴 의미를 알아볼 수 있다. 때로는 특정 문화의 이미지가 우리의 마음에 와닿을 때도 있다. 기저에 깔려 있는 보편성을 표현하기 때문이다. 또는 그 문화의 영향력이 상당해 우리의 세계관에 깊이 자리 잡고 있기 때문일 수도 있다.

카드 속의 이미지가 풍부한 연상 작용을 불러일으키고 삶의 모든 부분을 반영하기 때문에 우리는 카드 스프레드로 이해하기 어려운 상황을 폭넓은 관점에서 파악할 수 있다. 특히 눈에 띄는 이미지나 그 카드를 보았을 때 느끼는 감정은 내면의 어떤 점에 관심을 기울여야 하는지 알려 준다.

타로는 눈에 보이는 것과 보이지 않는 것이 어떻게 서로 연결돼 있는지 보여 준다. 우주는 뉘앙스로 가득 차 있고 경험과 개념, 장소와 물체는 서로 긴밀하게 이어져 있다. 그러므로 우리가 관심을 갖고 자세히 들여다보기만 하면 된다. 의미는 언제나 물밀듯이 쏟아져 나올 준비가 돼 있다.

자아 발견을 향해서

우리처럼 타로는 평범하면서도 신비롭다. 자아 발견의 열쇠는 평범한 것과 마법적인 것의 상호 관계를 탐구해 나가는 능력에 있다. 경험에 이름을 붙이고 추상적인 개념을 구체적인 사건과 연결하고 개인적인 것과 보편적인 것을 서로 연관 지어 생각해야 한다. 다음 장에서는 타로를 활용해서 어떻게 삶의 의미를 이해할 수 있는지, 그 과정에서 어떻게 자기 인식과 역량을 강화할 수 있는지를 살펴보겠다.

타로의 기술

타로 덱은 (트럼프 카드 또는 열쇠 카드라고 불리는) 22장의 메이저 아르카나 카드 네 가지 슈트로 분류되는 56장의 마이너 아르카나 카드를 포함해서 총 78장의 카드로 이루어져 있다. 이번 장에서는 타로 카드의 물리적인 측면을 알아보고 카드 리딩 방법을 살펴보도록 하겠다. 또한 카드의 상징적 차원도 어느 정도 짚고 넘어가고자 한다.

타로 덱의 선택 및 활용

타로 덱은 영적인 자아로 연결되는 관문 역할을 하므로 소중히 다룰 필요가 있다. 여기서는 덱 고르기, 사용하기 전에 덱 준비하기, 덱 간수하기 등 타로 덱과 관계를 형성하고 발전시키는 데 필요한 단계를 알아보자.

덱 고르기

초보자가 대상인 대부분의 책과 마찬가지로 이 책은 라이더─웨이트─스미스(RWS) 해석 체계를 따른다. 그렇다고 관심이 가거나 끌리지 않는데도 꼭 이 덱을 사용해야 하는 것은 아니다. RWS 덱의 78개 원형을 바탕으로 제작된 덱이 수백 종이나 되기 때문에 자신이 친밀감을 느끼고 신뢰할 수 있는 덱을 고르면 된다. 구체적인 상징은 조금씩 차이가 있을지 몰라도 RWS 설명 체계를 따르는 덱이라면 제2부에 실려 있는 정방향 및 역방향일 때의 의미를 적용할 수 있을 것이다.

그밖에 다른 해석 체계를 따르는 덱도 있다. 만약 토트 타로 덱이나 마르세유 타로처럼 각 카드의 정의가 RWS 덱과 다르거나 78개의 원형 카드보다 카드 숫자가 적은 덱을 고른다면 이 책에 실려 있는 카드에 관한 설명이 그다지 도움이 되지 않을 것이다. 하지만 RWS 덱 이외에 다른 덱을 고르더라도 타로를 통해 성장하는 법, 덱을 간수하는 법 등 타로 활동을 하는 데에 적용할 수 있다.

사용하기 전에 덱 준비하기

새로운 덱으로 첫 타로 리딩을 하기 전에 덱을 정화하고 조율해야 한다. 일단 덱을 사용하기 시작한 후에는 항상 청결을 유지하고, 사용하지 않을 때는 잘 보관해 두고 불필요한 에너지를 제거하는 등 덱을 잘 간수해야 한다.

덱 정화하기(클렌징)

새로운 덱을 사용할 때, 특히 이전에 그 덱을 사용한 사람이 있다면 다음과 같은 방법을 활용해서 덱을 정화할 수 있다.

- 보름달이 뜬 날에 창턱이나 바깥에 놓아둔다
- 소금에 며칠간 묻어 둔다(카드에 소금이 직접 닿지 않도록 먼저 덱을 비닐백에 넣어라).
- 세이지 또는 스머지 스틱(허브를 이용한 향의 일종)에 불을 붙이고 카드 덱에 연기를 쐬어 주어라.
- 바보 카드(0번)에서 세계 카드(21번)까지, 각 슈트의 에이스에서 왕까지 78장의 카드를 순서대로 펼쳐 놓아라. 전부 순서대로 놓은 다음에 카드를 다시 섞어라.

대개 타로 덱에는 (1, 2, 3, 4 등) 일반적인 아라비아 숫자가 아닌 (I, II, III, IV 등) 로마 숫자가 쓰여 있다. 이 책에서는 이해를 돕고자 마이너 아르카나 카드의 숫자를 분명히 표기하였다. 한편 메이저 아르카나 카드는 카드의 이름으로 지칭하기 때문에 로마 숫자로 표시했다.

정기적인 클렌징으로는 해소되지 않는 불필요한 에너지가 카드 덱에 스며들었다는 생각이 들면 앞서 언급한 방법을 언제든 다시 활용할 수 있다.

덱 조율하기

'덱 조율하기'는 새로운 덱과 친밀한 관계를 구축하는 것을 가리킨다. 존중하는 태도로 카드를 대하고 자신의 덱을 신뢰하고 이 덱을 소중하고 특별하게 다루는 데에 도움이 되는 모든 행동이 여기에 포함된다.

새로운 덱을 타로 리딩에 쓰기 전에 일주일 동안 적응 기간을 가져라. 제단(23쪽 참조)이나 베개 밑 등 특별한 장소에 덱을 보관하고 매일 카드를 익혀라. 카드를 섞고 원하는 순서대로 배열해 보거나 카드 속의 이미지를 가만히 들여다보아라. 그러면 그 과정에서 정서적, 정신적, 영적인 관계가 차츰 형성되는 것을 직감할 수 있을 것이다.

정기적인 클렌징

이전의 리딩 또는 리딩을 했던 장소에서 스며든 에너지가 여전히 덱에 남아 있을 수 있다. 리딩을 하기 전에 카드에 스며든 불필요한 에너지를 없애는 간단한 의식을 하기 바란다. 다음과 같은 두 가지 방법이 있다.

1 리듬감 있게 카드를 섞은 다음 테이블 위에 카드를 놓고 톡톡 두드려서 불필요한 에너지를 없앤다.

각자 자신에게 맞는 리듬을 활용한다.

2 카드를 손에 들고 펼친 다음 가장자리에 부드럽게 입김을 불어 넣은 후 다시 손에서 한 더미로 모은다. 그런 다음 덱의 가장 윗부분을 한 번 두드린다.

덱 간수하기

청결함을 유지하고 불필요한 에너지가 스며드는 것을 막을 수 있도록 카드 덱을 보관함이나 가방에 넣어 둔다. 비단이나 짙은 색의 천으로 카드를 감싸 두면 부가적인 에너지를 차단하는 데 도움이 된다. 카드를 감싸는 천은 리딩 장소에서 리딩 클로스로 사용할 수도 있다. 나무 상자, 비단, 면, 리넨 등 자연에서 비롯된 재료를 쓰는 것이 바람직하다. 하지만 가장 중요한 점은 색상이나 어떤 재료를 활용하건 간에 경외하는 마음으로 카드를 보관하는 것이다.

타로 리딩의 과정

실제로 카드 리딩을 하기 전과 후에 진행되는 과정에는 어떤 것들이 있을까? 타로 리딩 전에 마음을 가다듬고 카드를 준비하고 장소를 준비하는 것이 도움이 된다. 리딩이 끝난 후에는 카드에서 리딩의 에너지를 제거한다.

리딩 장소 및 덱 준비하기

제단 또는 자기만의 특별한 장소에서 리딩을 할 수

있다. 평화롭고 방해 없이 집중할 수 있는 곳이면 사실 어디든 괜찮다.

전화기의 전원을 꺼라. 긴장을 풀고 마음을 여는 데 도움이 된다면 촛불을 켜거나 음악을 틀어도 좋다. 가장 좋은 방향으로 일이 풀리게 이끌어 달라고 초월적인 존재에게 도움을 청해도 좋다. 두려움과 개인적 선호는 제쳐두고, 리딩을 하는 도중에 떠오르는 지혜나 통찰을 열린 마음으로 받아들이기로 다짐하거나 그럴 수 있는 용기를 달라고 청하라. 꾸준히 일관된 의식을 치르면 생각과 이미지를 연결하는 영적인 상태나 연상 작용이 일어나는 상태를 규칙적으로 만들어낼 수 있다.

클렌징(앞 장 참고)을 한 뒤에 (만약 리딩 클로스가 있다면) 깨끗한 표면 위에 펼쳐둔다.

마음의 준비

리딩을 하기 전에 5~10분간 차분히 앉아서 호흡에 집중해 보아라. 빛 한 줄기가 정수리를 지나서 몸 전체를 가득 채우고 그 빛이 발밑의 땅에까지 뿌리를 내려 스며드는 장면을 상상하면 도움이 된다. 또는 마음속으로 오로지 호흡에만 집중해 보아라. 그러면 불필요한 생각들이 사라지거나 덜 시급하게 여겨지게 되고 자기 내면의 경험을 열린 자세로 받아들일 수 있게 된다.

질문하기

타로는 "이 여자가 나의 반쪽인가요?", "일을 그만

> ### 제단이란?
>
> 제단(altar)은 개인적으로 영적인 중요성을 지닌 물건을 보관하는 작은 탁자나 표면을 가리킨다. 여기에는 종교적 의미가 있는 작은 조각상이나 조상의 사진, 그 밖에 자신에게 의미가 있는 다른 물건이 모두 포함된다. 또한 네 가지 원소를 상징하는 물건도 제단에 둘 수 있다. 만약 제단이 있거나 제단을 만들겠다는 마음이 있다면 타로 카드도 제단에 보관하고 싶을 것이다. 제단 앞에서 명상을 하거나 기도를 할 수도 있고 타로 리딩을 할 수도 있다.

뒤야 할까요?" 등 예—아니오로 답변할 수 있는 질문에는 답하지 않는다. 대신 과거와 현재의 역학 관계를 보여 준다. 그동안 대수롭지 않게 넘긴 일을 짚어 주고 성장이 필요한 부분을 알려 준다. 또한 현재의 방향으로 계속 나아간다면 우리의 행동이 향후에 어떤 결과로 이어질지 보여 준다.

미래는 정해지지 않았다. 우리가 지닌 것을 창의적으로 활용하면 언제든지 운명을 바꾸기로 마음먹을 수 있다. 예를 들어 친절, 호기심, 끈기 등 도움이 되는 자질을 함양하고 자기 자신을 더욱 깊이 이해하고 신중하게 의사결정을 한다면 말이다.

타로 리딩을 시작하기 전에 다음과 같은 질문을 할 수 있다.

- 지금 내가 처한 상황에 가장 중요하게 작용하는 힘은 무엇일까?
- 내 결정은 어떤 영향을 미치게 될까?

타로 속의 상징

THE LOVERS.

THE DEVIL.

타로 덱에는 다양한 신화 및 종교에서 유래한 상징이 포함돼 있다. 이런 상징은 원래 이미지의 바탕이 되는 전통이나 종교와는 별개지만 그 안에 담긴 생각과 원형은 여전히 우리의 마음에 울림을 주고 통찰력과 지침을 제공한다. 우리가 어떤 전통에 동질감을 느끼는지 여부와는 무관하다.

라이더—웨이트—스미스 덱에는 기독교 신화에서 비롯된 이미지가 상당히 많다. 아담과 이브는 연인 카드와 악마 카드 등에 수 차례 등장하며 컵 7번 카드에는 유혹을 상징하는 뱀이 그려져 있다.

또한 여러 카드에 교회를 비롯해 기독교 신앙과 관련된 그림이 배경에 그려져 있다. (교황과 수도사 두 명이 있는) 신비사제 카드나 성당의 석공, 주교, 수도사가 그려져 있는 펜타클 3번 카드처럼 등장 인물의 직업이 기독교와 연관된 경우도 많다. 특히 카드 속의 색상이 상징하는 바는 기독교 상징주의의 영향을 많이 받았다는 점을 짚고 넘어갈 필요가 있다. 다양한 색상에서 연상하는 감정과 상징적 의미는 문화마다 각기 다르다. 라이더—웨이트—스미스 덱에서는 흰색이 순수함과 순결함의 상징으로 묘사돼 있는데 여기에는 문화적 한계가 드러난다. 인종차별적인 의미가 함축되어 있는 듯한 인상을 줄 수 있기 때문이다.

한편 이집트 신화도 여러 카드에 담긴 상징에 영향을 주었다. 엄밀히 말하자면 이집트 신화를 유럽 사람들이 어떻게 해석했는지가 반영돼 있다. 일례로 별 카드에는 고대 이집트의 신인 토트를 상징하는 따오기가 그려져 있다. 또한 황제 카드에 실려 있는 셉터(군주의 권위를 상징하는 지팡이로, 왕홀[王笏]이라고도 함—옮긴이)에는 이집트에서 생명을 상징하는 앙크가 그려져 있다.

한편 그리스 신화도 타로 카드에 묘사된 이미지에 영향을 주었다. 여사제의 베일과 여황제의 드레스에는 페르세포네의 석류가 그려져 있다. 의사소통과 관련된 문제가 있을 때 헤르메스의 날개가 달린 헬멧과 신발은 컵의 기사 카드를 해석할 때 도움이 된다.

그리고 카발라와 관련된 상징도 타로 카드의 의미를 풍부하게 만들어 준다. 펜타클 10번 카드에는 '생명의 나무' 모양으로 펜타클이 배열돼 있으며 매달린 사람을 지탱하고 있는 것도 바로 생명의 나무다.

또한 황도 12궁의 각 별자리는 메이저 아르카나 카드와 연관이 있고 그 밖의 다른 점성술적 요소가 각 카드의 의미에 뚜렷하게 반영돼 있다. 전차 카드와 검 9번 카드에 등장하는 인물의 옷에는 별자리를 뜻하는 상형문자가 수놓아져 있다.

아울러 운명의 수레바퀴 카드를 비롯한 여러 카드에는 원소를 뜻하는 연금술과 관련된 상징이 그려져 있다. 이 밖에도 죽음 카드와 지팡이 2번 카드에 그려진 장미 십자회의 장미처럼 서양의 다양한 오컬트 전통에서 유래한 상징이 타로 덱에 반영되어 있다.

- 이 문제를 해결하려면 어떤 부분에 집중해야 할까?
- 이런 상황에 가장 효과적으로 대처하려면 나의 어떤 면을 더 북돋아야 할까?
- 지금 내 눈에 안 보이거나 외면하고 싶은 것은 무엇일까?
- 지금 이 상황의 기저에 존재하는 문제는 무엇일까?
- 나는 이런 상황에서 어떤 선택을 할 수 있을까?

특별히 궁금한 문제가 없다면 "오늘은 어떤 영향력과 가능성에 주의를 기울여야 할까?", "오늘 내가 가장 북돋아 주어야 할 자질은 무엇일까?"와 비슷한 질문을 던지면 된다. 그리고 자신의 질문에 적합한 스프레드를 고르자. 기본적인 스프레드와 언제 그런 스프레드를 사용하면 좋을지에 관해서는 제3장에서 다루도록 하겠다. 카드에게 질문을 넌실 준비가 되었으면 그 질문을 소리 내 말하거나, 조용히 마음속으로 생각하거나, 노트에 글로 적어 두면 된다. 타로 리딩을 기록하는 노트를 따로 마련해 두는 것도 좋다. 여기에 질문과 카드, 자신의 해석과 생각을 적어 두어라.

카드 섞기

다양한 방법으로 카드를 섞고 덱을 나눌 수 있다. 어떻게 덱을 섞고 카드를 고를지는 자신이 원하는 대로 정하면 된다. 열린 마음으로 집중해서 카드를 섞고 고르는 것이 중요하다. 평소에 자주 쓰는 손이 아닌 다른 손을 사용하는 것이 좋다. 직관은 자주 쓰는 손보다 그렇지 않은 손을 통해 더욱 자유롭게 흘러가기 때문이다.

덱을 손에 들고 밑에서 적당량의 카드를 잡은 후에 이를 덱 위에 올려놓는 것이 전통적인 카드 섞기 방법이다. 이제 덱이 준비됐다는 직감이 들 때까지 계속 이렇게 카드를 섞어라. 덱을 나누고 싶다면 자주 쓰지 않는 손으로 덱을 둘 또는 네 무더기로 나눈 다음 마음이 가는 순서대로 다시 쌓아라.

아니면 리딩 클로스나 깨끗한 표면 위에 카드를 펼쳐 놓고 자주 쓰지 않는 손으로 카드를 섞을 수도 있다. 그리고 같은 손으로 리딩에 필요한 카드를 뽑으면 된다.

스프레드에 모든 카드를 덮어 놓고 한 장씩 뒤집을 수도 있고 처음부터 그림이 보이게 놓은 다음에 그중에서 특히 눈에 들어오는 카드나 여러 장이 에이스, 반복적으로 등장하는 상징, 서로 반대 의미를 지닌 카드 등 여러 카드 사이의 관계를 먼저 읽을 수도 있다.

카드를 섞는 도중에 덱에서 튀어나오는 카드는 중요한 의미가 있다. 한 장 뽑기(42쪽 참고)를 할 때는 이 카드를 사용해라. 스프레드를 활용할 때는 이렇게 튀어나온 카드를 확인하고 다시 덱에 넣은 후에 계속 카드를 섞어라. 이 카드가 스프레드에 다시 나오는 경우도 종종 있다. 그러면 그 카드의 이미와 위치를 특히 주의 깊게 살펴보아야 한다. 다시 나오지 않는다면 리딩을 할 때 그냥 마음에 기억해 두고 지침이 되는 요소나 중요한 추가 요인으로 여기면 된다.

카드 리딩

카드에 나오는 상징과 실제 삶 속의 사건과 사람들을 연결하는 법을 배우려면 상당한 연습이 필요하다. 지적인 기술도 익혀야 하고 직관도 활용해야 한다. 타로 리딩을 할 때는 추상적인 것과 개인적인 것을 연결 짓는다. 여기에는 여러 요인이 작용한다는 점을 기억하기 바란다.

의식적으로 특정한 답변을 간절히 원하면 직관이 알려 주는 메시지가 숨을 수 있다. 반면에 타로 리딩의 신비 측면에만 지나치게 치우친다면 눈앞의 카드에 담긴 분명한 의미를 놓칠 수도 있다. 따라서 카드를 해석할 때는 직관과 의식을 동시에 활용해야 한다. 또한 자기 자신과 카드를 대할 때 인내심을 가져라. 타로 리딩을 하는 도중이 아니라 살다가 예상치 못한 순간에 불현듯 깨달음을 얻을 수도 있다. 리딩을 하며 여러 가지 질문이 마음속에 떠올랐기 때문이다. 리딩은 매번 달라진다.

제4장에서 내적 성장과 역량 강화를 위한 카드 리딩 방법을 단계별로 소개한다. 각 단계마다 필요한 연습 과제가 실려 있다. 기본적으로 내 타로 리딩법은 네 부분으로 이루어져 있다.

1 카드를 보았을 때 직관적으로 연상되는 것들을 열린 마음으로 받아들인다.

2 머릿속에 연상되는 것과 직관적인 메시지가 카드의 의미와 어떻게 연결되는지 확인한다.

3 카드에 담긴 추상적인 상징 및 원형을 실제 경험과 연결하는 과정에서 떠오르는 통찰을 자유롭게 탐색하고 발전시킨다. 자신이 처한 상황을 의식적으로 파악해서 이런 통찰을 함께 적용한다. 예술 활동이나 일기 쓰기, 또는 신뢰하는 친구와 대화를 나누는 등 다양한 표현 방식을 활용해 적용할 수 있다.

4 이제 이런 사고를 할 때 의식적으로 통찰을 얻을 수 있게 되었으므로 이 통찰을 적용해 어떤 행동을 취해야 하는지를 생각해 본다. 통찰을 바탕으로 행동하면 자신이 어떻게 성장하지는 표현하고, 실제로 성장할 수 있게 된다. 그러면 자기 자신뿐만 아니라 자신이 영향을 미치는 모든 사람에게 도움이 된다.

영적인 연관관계

타로는 점성술, 카발라, 수비학, 연금술 등 여러 영적인 분야와 관련이 있다. 이런 측면이 타로 리딩에 어떤 영향을 미치는지 살펴보자.

점성술

황금여명회의 오컬티스트들이 타로와 점성술을 연결하는 체계를 만들어 낸 이래로 이 두 가지 점술 분야를 서로 이어주는 체계가 점차 발달해왔다. 제5장에는 각각의 메이저 아르카나 카드와 관련된 행성이나 황도 12궁 별자리가 소개돼 있다. 그런데 점성술에 정말 관심이 많은 사람이라면 총 78장의 타로 카드 모두가 점성학과 연관돼 있다고 주장하는 책도 많다는 사실을 알 것이다.

황도 12궁 별자리와 행성에 관한 일반적인 지식이나 특히 자신의 탄생 별자리는 카드를 해석하는 데 많은 실마리를 제공한다. 예를 들어 여황제는 행성 중에서 금성과 관련이 있으므로 아름다움, 사랑, 즐거움 등 금성과 관련된 자질을 통해 이해할 수 있고 여황제가 어떤 것들을 중요시하는지를 알게 된다. 더 나아가서 리딩을 할 때 여황제가 나오면 자신의 탄생 별자리로부터 금성의 위치를 확인해서 현재 자신의 삶에 여황제가 지닌 자질이 어떤 영향을 주는지 개념화하고 드러내야 한다.

카발라

카발라는 유대교 신비주의 전통의 하나로, 토라와 더불어 모세에게 비밀스럽게 구전으로 전해진 지혜를 가리킨다. 카발라를 바탕으로 형성된 서양의 오컬트 전통인 헤르메틱 카발라는 서양 점성술, 연금술, 신플라톤주의, 영지주의 등 다양한 분야로부터 영향을 받았다. 영국의 오컬티스트인 A. E. 웨이트가 만든 라이더—웨이트—스미스 덱에서도 알 수 있듯이 카발라는 타로 철학의 기반이다.

카발라의 핵심은 생명의 나무다. 쉽게 설명하자면 생명의 나무는 물질적인 것과 신성한 것을 포함해 모든 경험을 보여 주는 지도다. 이 지도는 모든 생명이 서로 연결돼 있고 인간적인 것과 신성한 것이 구체적으로 어떻게 이어져 있는지 보여 준다.

생명의 나무는 (세피로트라고 불리는) 10개의 구球로 이루어져 있다. 각각의 세피로트는 경험의 한 측면을 가리키며 22개의 통로로 서로 연결되어 있다. 19세기 중반에 프랑스의 오컬티스트인 엘리파스 레비가 카발라의 요소들을 메이저 아르카나 및 마이너 아르카나와 연결한 광범위한 체계를 만들어냈다. 특히 생명의 나무에 있는 22개의 통로를 메이저 아르카나 카드 22장과 연결했다. 또한 카발라를 활용해 마이너 아르카나의 각 슈트와 천연 원소를 연결해 무언가 연상할 수 있도록 강화했다. (컵은 물, 지팡이는 불, 펜타클은 흙, 검은 공기와 연결된다.)

이 책에서는 타로 카드를 설명할 때 히브리어 글자에 대한 구체적인 내용을 다루거나 카발라와 관련된 개념을 명시적으로 언급하지는 않는다. 그러나 카발라에서 유래한 여러 개념이 타로 카드의 일반적인 정의에 반영되어 있다.

수비학

숫자가 지니는 의미를 탐구하는 수비학을 통해 우리는 각 카드의 중요한 측면을 파악할 수 있다. 예를 들어 3은 (부모와 아이처럼 두 가지 세력이 만나서 제3의 것을 만들어내듯이) 창조의 숫자이며 동시에 (삼각형의 기하학적 안정성처럼) 균형을 의미한다. 이 책의 제2부에서는 타로 카드 하나하나의 수비학적 의미를 살펴본다.

장미십자회

15세기 초 독일에서 시작된 장미십자회는 개신교를 바탕으로 카발라의 영향을 받아 형성된 오컬트 단체다. 회원들은 주로 의사였는데 그들의 서약 중에는 환자를 무료로 치료해 준다는 내용이 포함되어 있었다. 장미십자회는 철학, 과학, 명상, 텔레파시 및 연금술을 중점적으로 다뤘다.

장미십자회는 (1888년에 설립된) 황금여명회의 기반이 되었는데 이 비밀 결사단체는 현대의 타로 카드를 만들어냈다.

장미십자회의 상징인 장미 십자가는 죽음 카드 및 지팡이 2번 카드 등 타로 카드 곳곳에서 등장한다. 여기서 십자가는 사람의 몸을 가리키며 장미는 의식을 꽃피운다는 의미가 있다.

연금술

연금술사들은 납을 금으로 바꾸려고 애썼을 뿐만 아니라 자신을 짓누르는 인간적인 불완전함을 변화시키고자 노력했다. 신성한 것과 합일하려고 자신의 결점을 없애 버렸다.

연금술과 타로의 연관 관계는 15세기의 비스콘티—스포르자 덱에도 반영돼 있다. 이 덱의 은둔자 카드에는 실험실에서 분주하게 일하고 있는 연금술사의 모습이 그려져 있다. 17세기와 18세기에 걸쳐 연금술이 번성했고 타로 역시 오컬트 및 점성술과 연계되며 쓰임이 넓어졌다. 그 당시 인기를 누렸던 타로 게임 데이 카드에 연금술과 관련된 심깅이 그려지기 시작했고, 점성술적 측면에서 카드를 해석할 때 그런 부분이 반영되었다. 여러 카드에서 이런 현상을 살펴볼 수 있는데 특히 운명의 수레바퀴 카드에는 수은, 유황, 물, 소금 등 연금술과 관련된 상징이 한가운데 그려져 있다. 연금술에서 이 네 가지는 삶의 바탕이 되는 근본 원소다.

메이저 아르카나

아르카나는 '신비'라는 뜻으로, 메이저 아르카나에 들어 있는 22장의 핵심 카드 또는 트럼프 카드는 인생의 '중요한 신비'를 상징한다. 메이저 아르카나 카드는 중요한 문제를 들여다볼 의향이 있을 때나, 살면서 어쩔 수 없이 그런 문제를 짊고 넘어가야 할 상황이 생겼을 때 리딩에 등장한다. (누군가의 죽음으로) 깊은 슬픔에 잠기고, 진로를 변경하고, 사랑에 빠지는 것처럼 근본적인 변화와 격변 또는 성장을 경험하는 시기에 메이저 아르카나가 우리를 이끌어 준다.

또한 메이저 아르카나는 '바보의 여정'이라고 불리기도 한다. 바보(0번 카드)는 의뢰인을 상징하는데, 1번 카드부터 21번 카드까지 가로지르는 모험가다. 시각적인 측면에서 메이저 아르카나의 여정은 7장의 카드가 3열로 늘어선 셉터네리의 형태로 펼쳐지며 각 열은 발달 단계를 나타낸다(의식, 무의식, 고차원적 의식). 이에 관해서는 레이첼 폴락의 저서들을 읽어 보기 바란다. 특히 그중에서도 《타로: 지혜의 78단계》에 바보의 여정에 관한 총체적인 해석이 담겨 있다.

THE EMPRESS.

THE EMPEROR.

THE HIEROPHANT.

THE LOVERS.

THE CHARIOT.

WHEEL of FORTUNE.

JUSTICE.

THE HANGED MAN.

DEATH.

TEMPERANCE.

THE STAR.

THE MOON.

THE SUN.

JUDGEMENT.

THE WORLD.

마이너 아르카나

메이저 아르카나가 중대한 변화, 강력한 영향, 영혼 차원의 성장을 나타낸다면 마이너 아르카나는 일상 생활의 구체적인 측면을 보여준다. 이런 것이 삶의 '작은 신비'다. 마이너 아르카나 카드는 메이저 아르카나 카드에 비해 한시적이거나 표면적인 상황과 영향을 알려 준다.

마이너 아르카나에는 컵, 펜타클, 검, 지팡이 등 네 가지 슈트가 있다. 각각의 슈트는 열 장의 숫자 카드와 네 장의 궁정 카드(견습기사, 기사, 여왕, 왕)로 구성돼 있다.

네 가지 슈트를 활용해서 우리의 경험을 서로 다른 네 영역 또는 네 가지 에너지로 분류할 수 있다. 각 슈트에는 해당 슈트의 특성을 보다 자세히 알려 주는 천연 원소가 부여된다.

 컵 슈트는 물과 관련이 있다. 컵 카드들은 감정, 관계, 내면의 삶, 영성 등의 문제를 다룬다.

 펜타클은 흙과 관련이 있고 물질계, 원료, 몸, 건강, 자원, 돈, 커리어 등을 나타낸다.

 검 슈트는 공기와 관련이 있다. 검은 비판적 사고, 명징함, 사고방식을 가리킨다.

 사회성과 관련이 있는 **지팡이**에 해당하는 원소는 불이다. 지팡이는 활동, 창의성, 비전, 의사소통, 진취성을 상징한다. 지팡이 카드를 통해 우리는 가족, 직장, 공동체 등 조직 안에서 자신이 담당해야 할 적극적인 역할과 목적을 이해할 수 있다.

네 가지 슈트에서 각각의 숫자는 동일한 의미가 있다.

1번 (에이스) 일치, 시작, 힘
2번 이중성, 균형, 선택, 파트너십
3번 통합, 창의성, 동적 균형
4번 물질적 성공, 구조, 질서
5번 변화, 도전, 불확실성, 조정
6번 조화, 통합, 수동성
7번 영성, 시험
8번 항해, 번영, 권위
9번 완성, 명상, 목표 달성
10번 (성공이나 고난의) 절정, 시작과 끝

1에서 10까지의 숫자가 상황을 나타낸다면 궁정

카드는 사람과 성격 특질을 보여준다.

견습기사 초심자, 학생, 젊은 사람, 견습생을 가리킨다. 그들은 고무돼 있는 상태이며 호기심이 많다.
기사 자신이 속한 특성 슈트의 영역에서는 능숙하다. 그러나 자신의 길을 전부 다 이해하거나 마스터한 것은 아니다. 보통 그들은 분별력이 있다기보다는 열성적이고 열정적인 편이며, 세상을 구하고 생각을 실행하며 멋진 일을 해내고 사랑에 빠질 준비가 되어 있다.
여왕 내적 장악력을 나타낸다. 여왕은 각자의 안에 있는 해당 슈트의 특성을 북돋울 수 있도록 다른 이를 돕는다.
왕 외적 장악력과 리더십을 뜻한다. 해당 슈트의 특성과 관련해 왕의 능력은 자립성으로 표현된다.

통합적인 사고

네 가지 슈트의 특성을 배우고 각 숫자 또는 궁정 인물이 지니는 의미를 파악하고 나면 이제 당신은 스스로 마이너 아르카나 카드 리딩을 시작할 충분한 정보를 갖춘 셈이다. 일례로 지팡이 4번 카드를 살펴보자. 이 카드의 기본 의미를 알아내려면 숫자 4가 안정과 질서의 달성을 뜻하고 지팡이가 사회적인 영역을 나타낸다는 점만 기억하면 된다. 사회적인 영역에서의 안정이란 어떤 모습일까? 결혼, 선거에서의 승리, 승진, 축구 코치로 부임함, 또는 정규 직장을 얻는 등 가정과 공동체 또는 일과 관련해서 안정

적인 역할을 수행하고 있다는 뜻이다.

성장을 위한 준비

내가 이 책을 집필한 이유는 독자 여러분이 자신의 직관을 발견하고 통찰을 이해해 표현할 수 있도록, 더 나아가 그런 통찰을 자신의 인식과 행동에 반영할 수 있도록 지원하기 위해서다. 타로는 관계, 커리어와 관련된 결정, 창의적인 프로젝트부터 가정생활과 영적인 질문에 이르기까지 삶의 모든 분야에 적용될 만한 관점을 제시하고 성장에 필요한 통찰을 제공한다. 타로 카드를 통해 우리는 자기 자신을 더욱 또렷이 인식할 수 있고 더욱 이해심 있고 관대하고 마음이 따뜻한 사람이 될 수 있다. 타로는 의사결정과 경험을 탐구하고 창의성을 발휘할 수 있도록 지원하며, 우리가 아름답고 열정적이며 서로 연결되어 있는 진실한 삶을 온전히 살아갈 수 있도록 돕는다.

카드 스프레드

THE LOVERS.

THE DEVIL.

타로 카드 스프레드로 우리는 질문이나 상황의 다양한 측면과 그 안의 연결고리를 한눈에 파악할 수 있다. 타로 스프레드에서 각 카드의 포지션은 그 카드의 의미를 정의하는 데 도움이 되고 각각의 카드는 '가까운 과거가 미치는 영향', '자신을 어떻게 바라보는가', '관계 속에서 나의 마음', '내가 놓아 주어야 할 것' 등 경험의 특정한 측면을 나타낸다.

삶의 다양한 측면을 한눈에 보여주는 스프레드를 통해 우리는 한 발짝 물러서서 자신의 인생이나 특정한 상황을 보다 넓은 시야에서 파악할 수 있다. 또한 삶의 여러 측면을 한 번에 살펴보면 자칫 간과할 뻔했던 연결고리를 쉽게 찾아낼 수 있다. 성공이나 실패에 대한 바깥세상의 정의에 우리가 얼마나 들어맞는지 또는 그렇지 않은지에 따라 자신을 재단하고 판단하는 대신 삶의 의미를 깨닫고 삶이 여정이라는 사실을 이해하게 된다.

스프레드 리딩에서는 (위아래가 거꾸로 뒤집힌) 역방향 카드가 중요한 역할을 담당한다. 역방향 카드는 그 카드가 정방향일 때의 의미와 반대되는 뜻인 경우는 기의 없다. 대신 다음과 같은 의미를 지닐 수 있다.

- 극단적인 특성이나 상황(대개 부정적이나 항상 그렇지는 않음): 예를 들어 지팡이의 왕 카드는 자신감을 나타내는데 역방향일 때는 이기주의가 된다.
- 정방향 카드와 같은 의미이나 어려움, 지연, 저항 등이 더해짐: 정방향일 때의 특성이 우리가 처한 상황 또는 우리의 태도 안에 잠재돼 있다.
- 정방향 카드의 의미를 강조: 때로는 우리의 관심을 끌려고 어떤 카드가 역방향으로 나오기도 한다.
- 정방향 카드가 가리켰던 상황이 이제 종료됨: 특히 정방향일 때 고통스러운 상황을 뜻하는 카드가 그렇다. 예를 들어 검 2번 카드가 상징했던 우유부단함이 어떤 결정을 통해 해소된다거나 컵 5번 카드의 애도하는 사람이 슬픔에 잠겨 있던 시기에서 이제 벗어난다는 뜻이다.

앞에 열거한 선택지 중 어떤 의미에 해당하는지 어떻게 알 수 있을까? 그럴 때는 자신의 직관을 따르면 된다. 예를 들어 해 카드가 역방향으로 나왔을 때 지금 자신이 지나치게 우울한 상태인지 아니면 정말 기쁘고 신나는지 스스로 판단할 수 있을 것이다. 또한 제2부에 실려 있는 각 카드에 대한 설명을 역방향일 때의 의미를 알려 주는 지침으로 참고해도 좋다. 어떤 카드가 역방향으로 나왔다고 하더라도 희망을 잃지 않는 것이 중요하다. 그저 역방향으로 된 카드를 보기만 해도 곧바로 지금 무엇이 문제인지, 그 문제를 어떻게 해결할 수 있는지를 깨닫게 될 수도 있다.

카드는 서로의 의미를 밝혀 주고 다양한 방식으로 전반적인 메시지를 전달한다. 일단 두 장 이상의 카드에서 같은 슈트와 숫자, 또는 (균형, 시작, 끝 등의) 주제가 반복해서 등장한다면 스프레드의 전체적인 메시지를 해석할 때 그런 특성을 중점적으로 반영해야 한다.

반대로 상반된 특성인 카드가 나오거나 서로를 더욱 복잡하게 만드는 카드가 나오는 등 상황의 역학 관계나 갈등이 드러나기도 한다. 예를 들어 컵 8번 카드는 집을 떠나 한없이 떠도는 모습을 보여 주는데 펜타클 4번 카드는 우리가 지닌 자원을 지켜야 한다는 의미가 있다. 이런 경우가 어쩌면 우리의 요구와 욕구, 우선순위, 세계관 등에 대한 복잡한 진실을 담고 있을지도 모른다.

마지막으로 여러 장의 카드가 한데 모여서 과거, 현재, 미래(시작, 중도, 끝)를 보여 주거나 동기 부여 및 삶에서 중요한 인물, 장소, 공동체 및 생각을 보여 줌으로써 내러티브나 플롯을 만들어 내기도 한다.

초보자를 위한 리딩

여기에 소개된 예시를 포함해 스프레드를 해석할 때는 각 카드의 의미와 그 카드의 위치가 지니는 의미를 합쳐서 생각해 보기 바란다. 이런 의미가 삶을 어떻게 설명할 수 있는지 파악하고, 삶의 요소를 하나로 이어주며 모든 정보를 이해할 수 있게 해 주는 내러티브를 떠올리고 찾아보아라. 제3장에는 자주 등장하는 카드 스프레드와 리딩 예시가 실려 있다. 첫 번째 리딩으로 과거/현재/미래 스프레드를 택해보았다. (이 스프레드의 주인공인) 이마니가 어떤 경험을 통해 내러티브를 파악했는지 함께 살펴보기로 하자.

　　이마니는 최근 대학을 졸업했고 공동체와의 연결을 강화해야 할 필요성을 느끼고 있다. 그런데 (가족, 친구, 일, 동네, 정치 등) 어떤 공동체에 집중해서 더욱 깊이 있는 관계를 맺어야 할지 잘 모르겠다. 어떤 고려 사항이나 주제를 지침으로 삼아야 할지 고민하던 이마니는 과거/현재/미래 스프레드를 활용해 자신이 가야 할 길을 전반적으로 파악하고자 한다.

이마니의 카드:

1　　　　　　　2　　　　　　　3

포지션 1 과거의 상황과 영향—지팡이 2번

포지션 2 현재의 상황과 영향—컵 9번

포지션 3 미래의 상황과 영향—지팡이 7번

이마니의 첫 번째 카드: 지팡이 2번

이 카드는 이마니가 항상 가치 있게 여겨 온 활동적이고 창의적인 파트너십을 의미한다. 이마니에게는 언제나 친한 친구나 연인이 있었다. 이 포지션에 이 카드가 나왔기 때문에 이마니는 자신의 성장에서 의미 있는 지점을 찾아내고 이제 스스로 상황을 헤쳐 나갈 수 있도록 더욱 노력해야 한다.

이마니의 두 번째 카드: 컵 9번

너그러운 주인이 그려져 있다. 이 카드를 통해 이마니는 자신의 삶 속에 이미 존재하는 가족과 친구의 모임을 생각해 보게 된다. 이마니는 가끔 집에 친구와 가족, 이웃을 초대해 이야기 모임을 연다. 이 카드는 계속 지금처럼 이 모임을 우선순위에 두고 정기적으로 개최하라고 독려한다.

이마니의 세 번째 카드: 지팡이 7번

신념을 갖고 자기 자신과 다른 사람을 보호한다는 의미다. 이마니가 현재의 길로 계속 나아간다면 공동체 모임을 개최함으로써 더욱 큰 확신을 얻을 수 있을 것이다. 자신이 믿는 것을 적극적으로 지지하게 될 가능성이 크다.

종합하면 이마니는 아끼는 사람을 초대하고 주도적으로 모임을 개최할 준비가 되어 있다. 그런 과정을 통해 그녀는 확신하게 되고 공동체의 지지를 얻게 될 것이다. 또한 자기 자신과 자신이 속한 공동체에 중요한 것을 지키고 옹호하게 될 것이다.

이 책의 활용법

지금까지는 타로에 대한 배경지식을 소개하고 자신의 통찰과 성장에 도움이 될 수 있도록, 타로 카드를 해석하는 방법에 관한 전반적인 내용을 다뤘다. 이제부터는 카드 및 자신의 직관과 긴밀하게 연결되는 방법을 알려주고자 한다. 그러면 타로가 당신을 지속적으로 이끌어 줄 것이다.

제3장에 자주 등장하는 카드 스프레드 및 그 활용법을 소개했다. 제4장에 실려 있는 방법을 활용해 카드에 대한 명상을 함으로써 자신의 경험을 더 깊이 있게 인식하고 자각할 수 있게 될 것이다. 이 방법은 자신이 펼친 타로 스프레드의 의미를 이해하는 데 도움이 된다.

제2부에서는 타로 카드 78장을 하나씩 구체적으로 살펴본다. 타로를 해석할 때 카드의 정의를 참고하면 도움이 된다. 하지만 카드 각각의 의미만큼이나 당신이 이 카드와 어떤 연결고리가 있는지가 중요하다는 점을 꼭 기억하기 바란다.

카드의 정의를 공부하면 빨리 카드를 익힐 수 있고 리딩하는 과정에서 속속들이 카드를 배울 수 있다. 리딩을 하며 각 카드가 나타내는 심오하고 미묘한 경험을 이해할 수 있다. 카드 활용법을 익히는 가장 효과적인 방법은 (제3장에 소개한 스프레드를 참고하고 제4장의 연습을 활용해서) 스스로 카드 리딩을 하고 이와 더불어 매일 또는 매주 따로 시간을 할애해 제2부에 실려 있는 카드의 정의를 외우는 것이다.

자주 등장하는
카드 스프레드 및 리딩 예시

이번 장에서는 가장 기본적인 카드 스프레드 열 가지를 소개하고 리딩 예시를 보여 줌으로써 카드 리딩을 구체적으로 살펴본다. 여기 실려 있는 리딩 예시에서 다룬 특정 문제가 아니더라도 어떤 주제나 질문에든 이런 스프레드들을 적용할 수 있다.

제2장에서 알려 준 대로 마음을 가다듬고 카드를 준비한 다음에는 당신이 얻고자 하는 통찰의 종류와 당신에게 필요한 관점에 따라 스프레드를 선택할 수 있다. 예를 들자면 의사결정이 필요한 문제에는 '선택지 비교' 스프레드를 적용할 수 있고 영적인 성장과 관련된 주제에는 '내려놓기/성장' 스프레드를 활용할 수 있다.

'한 장 뽑기'는 한 가지 문제에 대한 관점을 제공하거나 하루 내지 일주일을 생활하는 데 필요한 지침을 전해줄 수 있는 반면에 '켈트 십자가' 스프레드와 '핵심 열쇠' 스프레드는 더욱 긴 기간에 대한 관점을 제공하고 삶의 더 많은 부분을 아우른다. (물론 한 장 뽑기로도 지대한 영향을 미치는 통찰을 얻을 수도 있다.) 결국 스프레드를 고를 때는 옳다고 여겨지는 대로 자기 마음을 따르면 된다.

시그니피케이터

흔히 시그니파이어 카드라고도 불리는 시그니피케이터 카드는 (덱에서 뽑는 것이 아니라) 질문자인 당신을 상징하는 미리 지정된 카드다. 시그니피케이터 카드를 활용하면 자신에게 맞춰 리딩할 수 있고 자기에게 가장 중요한 정보를 전하도록 리딩의 범위를 좁힐 수 있다. 스프레드가 마음에 와닿지 않고 교감을 느끼기 힘들 경우에 이 카드를 쓰면 도움이 된다.

나는 보통 시그니파이어 카드를 쓰지 않는다. 특정한 날짜나 어떤 순간에 떠오르는 다양하고 예측불가능한 모습에 더 관심이 있는 편이기 때문이다. 시그니파이어 카드를 활용해서 리딩에 일관성을 부여하는 사람도 있지만 나는 그런 카드 없이 우리가 지닌 성격의 다양한 면과 변화하는 존재를 있는 그대로 받아들인다. 또한 시그니파이어 카드 없이 리딩을 진행하면 그 카드가 스프레드 안의 다른 포지션에 자유롭게 등장할 수 있다. 어느 쪽이 옳거나 그른 것이 아니라 단지 취향의 차이일 뿐이다.

이 책에는 스프레드에 관한 설명이나 시그니파이어 카드를 활용하는 방법이 수록돼 있지는 않다. 히지만 만약 당신에게 시그니파이어 카드가 도움이 되고 그런 방법을 한번쯤 시도해 보고 싶다면 다음과 같은 방식으로 시그니파이어 카드를 리딩에 활용해 보기 바란다.

여러 전통을 살펴보면 성별과 피부색을 근거로 시그니파이어 카드를 정하는 경우가 많은데 이것은 분명히 인종차별적이고 성차별적이며 성규범적인 방식이다. 이에 비해 문제가 덜한 방법은 나이 및 별자리와 관련된 궁정 카드에 따라 시그니파이어 카드를 고르는 것이다. 하지만 나는 이런 방법도 상당히 제한적인 측면이 있다고 생각한다. 별자리와 나이가 결코 우리 동기나 경험을 전체적으로 보여줄 수 없기 때문이다.

나는 질문자의 인생 행로를 뜻하는 메이저 아르카나 카드를 시그니파이어 카드로 삼는 방식을 선호하는 편이다. 메이저 아르카나 카드는 더욱 깊은 울림을 지니며 그 안에 심오한 가능성이 가득하기 때문이다. 인생 행로 스프레드(48쪽 참고)에 관한 지침을 참고해서 당신의 인생 행로 카드를 계산하고 그 카드를 시그니파이어 카드로 활용하기를 바란다.

리딩에 시그니파이어 카드를 적용할 때는 일단 시그니파이어 카드를 앞면이 위로 오게 펼쳐 놓는다. 그런 다음 스프레드의 첫 번째 카드를 십자 모양으로 시그니파이어 카드 위에 올려놓는다. 만약 켈트 십자가 스프레드에 시그니파이어 카드를 활용한다면 미리 지정된 시그니파이어 카드를 포지션 1에 놓은 후에 덱에서 카드를 뽑아 포지션 2부터 포지션 10까지를 채운다. 시그니파이어 카드의 이미지와 의미가 스프레드 내 다른 카드의 이미지 및 의미와 어떻게 연결되는지 살펴보고 이 카드를 읽어 낸다.

한 장 뽑기

그냥 덱에서 카드 한 장을 뽑아 리딩 클로스나 테이블 위에 올려 둔다. 때로는 타로 카드 한 장으로도 일반적인 의문점을 해소하는 데 충분한 영감을 얻는다. 또한 매일 아침 카드 한 장을 뽑아서 오늘 하루는 어떤 부분에 집중해야 할지와 같은 정보를 얻을 수도 있다.

평소에 나는 한 주가 시작하는 시점에 카드 한 장을 뽑아 앞으로 일주일 동안 내가 다루게 될 주제와 질문을 생각해 본다. 이렇게 뽑은 카드 한 장은 삶에서 일어나는 사건을 이해하고 보다 의미 있는 연결고리를 찾는 데 항상 큰 도움이 된다. 또한 어떤 기회를 수락해야 하는지와 언제 "아니요, 괜찮습니다"라고 말해야 할지 판단할 수 있다.

때로는 이 카드가 나의 예감이나 직감이 틀림없다는 것을 알려 주기도 한다. 그리고 내가 두려움이나 무의식적인 습관 때문에 어떤 행동을 하는 것은 아닌지 일깨워 주고 현재의 편안함에 안주하지 않도록 도와준다. 더 나아가 이 카드는 지나치게 좁은 시야에서 벗어나 전체적인 그림을 볼 수 있게 해 주고, 내가 다른 생각에 빠졌을 때 지금 해야 할 일에 다시 집중하게 하며 완전히 새롭고 놀라운 방식으로 내가 처한 상황을 바라볼 수 있도록 도와준다. 한 장의 카드에서 비롯된 질문과 주제, 특성을 고민하다 보면 언제나 중요한 깨달음을 얻는다. 그 안에 담겨 있는 여러 의미를 발견하고 나의 경험을 바탕으로 그 카드를 이해하게 된다.

1

한 장 뽑기 리딩 예시

아르티는 바쁘게 살아가는 중년의 전문직 여성이다. 신경 써야 할 일이 정말 많지만 건강 관리도 소홀히 하지 않으려고 한다. 그래서 카드에 이런 질문을 던진다. "나의 신상과 관련해서 어떤 부분을 고려해야 할까?" 물론 타로가 결코 의학 전문가를 대신할 수는 없지만 타로 카드로 우리 몸을 아끼고 보살피는 데 필요한 부수적인 경고와 영감을 얻을 수 있다.

포지션 1 세계

1

아르티가 덱을 섞은 후에 뽑은 카드는 **세계**다.

세계 카드는 '완성'을 의미한다. 아르티는 자신의 삶에서 그동안 오래 끌어온 프로젝트를 완수해야 한다. 그래야만 매듭짓지 못한 일과 해결되지 않은 갈등 때문에 스트레스를 받는 일과 살아 있음을 생생히 느끼게 해 주는 것들에서 멀어지는 상황을 피할 수 있다.

또한 세계 카드는 '축하'와 '기쁨'을 나타내므로

아르티가 건강 관리를 잘할 것이라는 암시가 담겨 있다. 아르티는 춤과 같이 행복하고 즐거운 활동을 해야 한다.

아르티는 다음 달에 생일을 맞는다. 세계 카드를 통해 얻은 영감으로 생일 전에 미완성 프로젝트를 마무리하면 홀가분한 마음으로 생일을 기념할 수 있을 것이다. 그러면 기쁨과 축하가 건강과 라이프스타일의 균형을 찾아 줄 것이다.

내려놓기/성장하기

막다른 길에 다다랐다는 기분이 드는데 그 이유를 알 수 없을 때는 '내려놓기/성장하기' 스프레드를 활용하면 앞으로 나아갈 방향을 찾고 통찰을 얻는 데 도움이 된다. 이 스프레드를 통해 우리는 도전을 받아들이고 보다 여유롭게 변화에 적응해 나갈 수 있다.

포지션 1 내가 내려놓아야 할 것

포지션 2 성장을 위해 중점적으로 고려해야 할 특성

내려놓기/성장하기 리딩 예시

아스트리드는 어떻게 하면 안전한 장소에서 안전한 방법으로 (애정 및 지성과 관련된) 열정을 추구할 수 있을지 궁금해서 카드를 펼쳐 보았다. 아스트리드의 질문은 다음과 같다. "내가 내려놓아야 할, 나를 가로막고 있는 것은 무엇일까? 열정적이지만 파괴적이지는 않은 삶을 살아가는 데에 어떤 특성이 도움이 될까?"

포지션 1 컵 8번

포지션 2 컵 7번

컵 8번은 아스트리드가 방랑벽을 내려놓을 필요가 있다는 의미를 전달한다. 컵 8번은 질서정연한 삶을 떠나 다른 곳에서 만족을 찾는다는 뜻이다. 지금껏 아스트리드는 항상 어딘가로부터 떠나는 삶을 살아왔다. 자주 돌아다니며 때로는 파트너 이외의 사람과 데이트를 즐기기도 한다.

자신이 내려놓아야 할 것을 뜻하는 포지션에 컵 8번 카드가 나온 것을 본 아스트리드는 과거에는 모험을 겪는 게 성장에 도움이 됐지만 이제는 끊임없이 떠나는 패턴이 현재 자신의 삶에서 의미 있는 부분과 어쩌면 더욱 열정적으로 바뀔 수 있는 부분을 앗아갈지도 모른다는 사실을 깨달았다.

지금 곁에 있는 파트너인 스테파니와 함께하는 삶에 방랑의 에너지를 어떻게 적용할 수 있을까? 컵 7번 카드는 창의성을 상징한다. 아스트리드는 (혼자서 모험을 떠나는 것이 아니라) 스테파니와 함께 지내면서 어떤 가능성을 꿈꿀 수 있을까? 두 사람은 어떤 것을 상상하고 탐험할 수 있을까?

자신의 농장을 확장해서 구조동물 보호소를 운영하는 것은 스테파니와 아스트리드의 오랜 꿈이었다. 아스트리드는 이 꿈을 함께 실현한다면 뜻깊은 모험이 되고 성취감도 느끼게 될 거라고 생각한다. 그러면 더욱 생생하게 살아 있는 기분이 들고 자기 자신 및 파트너와 더욱 긴밀하게 연결되는 느낌을 받을 것이다. 그리고 세상에서 자신이 해내고 싶은 역할에 좀 더 가까이 다가갈 수 있게 될 것이다. 아스트리드는 늘 떠나곤 했던 습관을 내려놓는 대신 성장해서 스테파니와 함께 꿈꿔 왔던 삶을 살아갈 수 있다.

과거/현재/미래

과거/현재/미래 스프레드를 활용하면 간단한 방법으로 혼란스러운 우리의 삶을 어느 정도 정돈하고 의미 있는 내러티브를 만들어 낼 수 있다. 그동안 우리가 얼마나 성장했는지, 현재 우리가 어떤 방향으로 나아가고 있는지, 우리에게 중요한 가치와 목표는 무엇인지 파악할 수 있는 기회를 제공한다.

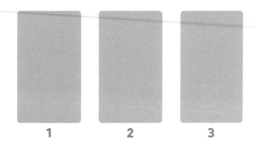

포지션 1 과거의 상황과 영향

포지션 2 현재의 상황과 영향

포지션 2 미래의 상황과 영향

과거/현재/ 미래 리딩 예시

알렉스의 아들인 딜런은 고등학교 입학을 앞두고 있다. 알렉스는 이런 시기에 어떻게 하면 가장 좋은 방법으로 아이를 양육할 수 있을지 지침을 얻고 싶어 타로 덱을 펼쳤고 과거/현재/미래 스프레드를 택했다. 과거에 알렉스가 부모로서 딜런의 성장을 어떻게 지원해 주었는지를 짚어 보고, 그리고 이제 고등학생이 되는 딜런을 최대한 잘 뒷바라지하려면 양육 방식에 어떤 변화를 주어야 할지를 알아보기 위해서다.

ACE of SWORDS.

WHEEL of FORTUNE.

ACE of WANDS.

1

2

3

과거의 상황과 영향을 나타내는 포지션 1에 검의 에이스 카드가 나왔다. 이 카드는 아들의 어린 시절 동안 알렉스가 부모로서 아이를 현명하게 성공적으로 키워 냈다는 것을 의미한다. 부모가 된 알렉스는 양육과 관련된 책을 많이 읽었고 양육 방식과 관련해 지식을 쌓았다. 검의 에이스 카드는 글쓰기, 출판, 지성 및 성공에 중점을 둔다. 알렉스와 그의 아내는 딜런을 영리하고 행복한 아이로 잘 키웠다.

포지션 2에는 운명의 수레바퀴 카드가 등장했다. 운명의 변화를 의미하는 이 카드는 딜런이 중학생일 때 알렉스가 아내와 이혼한 것을 가리킨다. 가족 모두 이런 변화에 적응하는 데 어려움을 겪었다. 알렉스는 이혼 문제에 대해서는 책에서 그다지 도움을 받지 못했고, 어떤 문제가 발생하면 그때그때 대응하고 가족과 아들의 성장 및 변화에 적응하며 하루하루 살아내기 바빴다.

미래의 상황과 영향을 보여 주는 포지션 3에는 다시 에이스 카드가 나왔는데 이번에는 지팡이의 에이스다. 딜런의 중학교 시절은 격변의 시기였지만 알렉스와 딜런은 이제 곧 다시 에이스의 잠재력과 에너지, 성공의 기운이 넘치는 시기를 경험하게 될 것이다. (중학교 때의) 커다란 변화가 일단락되면서 딜런과 알렉스는 더 이상 하루를 살아 내는 데 급급하지 않고 새로운 에너지와 가능성을 누리게 될 것이다. 지팡이의 에이스는 가족과 사회적 관계를 의미한다. 알렉스는 부자가 함께 할 수 있는 활동에 딜런의 참여를 이끌어 내고 딜런이 긍정적인 사교 생활을 즐기도록 잘 지원해 줄 수 있을 것이다. 여러 가능성이 곧 모습을 드러내게 된다.

인생 행로

인생 행로 스프레드는 수비학을 활용해 삶의 지침이 되는 원형을 파악한다. 메이저 아르카나만 사용하는 이 스프레드는 그동안 당신이 걸어온 길과 현재 서 있는 위치, 그리고 앞으로 나아갈 방향을 전반적으로 살펴보는 데 도움이 된다.

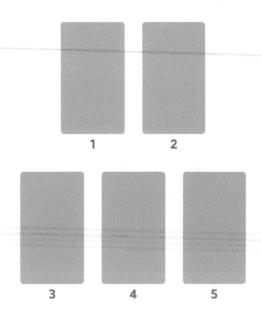

포지션 1 인생 행로

포지션 2 그림자

포지션 3 작년

포지션 3 올해

포지션 3 내년

생년월일의 각 숫자를 합산해서 당신의 **인생 행로 카드**를 계산해보기 바란다. 예를 들어 1989년 1월 3일에 태어난 사람의 계산식은 다음과 같다 — 1+3+1+9+8+9=31. 만약 합이 두 자릿수라면 한 자릿수가 나올 때까지 서로 더하면 된다(3+1=4). 이 사람의 인생 행로 카드는 IV. 황제다.

그런 다음에 아래의 표를 참고해서 당신의 **그림자 카드**를 계산하라. 그림자는 무의식적인 성격 특질을 가리키는데, 계속 무의식 안에 남아 있을 경우에는 문제를 일으키고 내적 투쟁과 갈등, 혼란을 유발한다.

생년월일 중 (연도는 제외하고) 월, 일에 해당하는 숫자를 더하고 여기에디 작년도 네 자릿수를 합산해서 **작년 카드**를 계산해 보아라. 필요한 경우에는 각 자릿수를 더해서 결괏값이 1~21 안의 숫자가 될 때까지 계산하고 그 숫자에 해당하는 메이저 아르카나 카드를 택해라.

생년월일 중 월, 일에 해당하는 숫자를 더하고 여기에다 올해 연도 네 자릿수를 합산해서 **올해 카드**를 계산해 보아라. 필요한 경우에는 각 자릿수를 더해서 결괏값이 1~21 안의 숫자가 될 때까지 계산하고 그 숫자에 해당하는 메이저 아르카나 카드를 택해라.

생년월일 중 월, 일에 해당하는 숫자를 더하고 여기에다 내년 연도 네 자릿수를 합산해서 **내년 카드**를 계산해 보아라. 필요한 경우에는 각 자릿수를 더해서 결괏값이 1~21 안의 숫자가 될 때까지 계산하고 그 숫자에 해당하는 메이저 아르카나 카드를 택해라.

인생행로 카드	그림자 카드
I. 마법사	X. 운명의 수레바퀴, XIX. 해
II. 여사제	XI. 정의, XX. 심판
III. 여황제	XII. 매달린 사람, XXI. 세계
IV. 황제	0. 바보, XIII. 죽음
V. 신비사제	XIV. 절제
VI. 연인	XV. 악마
VII. 전차	XVI. 탑
VIII. 힘	XVII. 별
IX. 은둔자	XVIII. 달

인생행로 예시

킴은 작년 한 해 동안 자신이 많이 성장한 듯한 기분이 든다. 그런데 어떻게 변화했는지를 말로 표현하는 데는 어려움을 느낀다. 최근 이렇게 성장한 것이 인생의 전반적인 행로와 어떻게 이어질지에 대해서도 고민하고 있다. 그래서 인생행로 스프레드를 활용해 전반적인 관점에서 깊이 있게 상황을 파악해 보려 한다.

1

2

포지션 1 신비사제

포지션 2 절제

포지션 3 매달린 사람

포지션 4 죽음

포지션 5 절제

3

4

5

킴의 인생 행로에서 **신비사제** 카드의 포지션을 살펴보면 킴의 궁극적인 목표가 배우고 가르치고 공동체를 만들어 그 공동체가 인간적인 면과 신성한 면을 연결하고, 서로 존중하며 지지하는 법을 알려줘 지식의 가능성을 여는 것이라는 점을 알 수 있다. 신비사제의 행보에서 중요한 측면은 순응적인 행동 탓에 괴로워하거나 그런 행동이 영원히 지속되지 않게 하고 지혜를 보존하면서도 유의미한 발견을 장려하며 지식 기관에 참여하는 법을 배운다는 것이다.

그림자 포지션에 나타난 **절제** 카드는 방종과 결핍으로 향하는 경향이 킴의 그림자라는 점을 알려준다. 그림자로서 절제는 균형이 잡히지 않음을 말한다. 이는 쾌락주의 때문일 수도 있고 결핍 때문일 수도 있다. (섭식장애 또는 의식적 경험에서 일어나는 감정을 외면하는 경우 등을 예로 들 수 있다.) 그러나 그림자가 무엇이든 우리가 이런 문제의 속성을 깨닫고 이 특성의 긍정적인 측면이 내면에 존재한다는 점을 알고 나면 그림자는 더 이상 보이지 않는 곳에서 우리를 변덕스러운 방향으로 이끌지 않는다. 힘겨운 과정을 거쳐 이런 특성을 파악하면 우리는 이 특성의 다양한 차원을 속속들이 알게 된다. 이런 의미에서 절제는 킴의 가장 강력한 무기가 될 수도 있다. 만약 절제가 전달하는 메시지를 킴이 제대로 이해하고 받아들인다면 말이다.

킴의 작년 카드는 **매달린 사람**이다. (작년 한 해 동안) 킴은 자기희생과 절망, 신뢰와 믿음에 관한 깨달음을 얻었다. 과연 누가 있는 그대로의 자기 모습을 알아봐 주고 인정해 줄지 고민하고 생각한 끝에 이제 킴은 타인의 인정이나 반감에 휘둘리는 대신 자신의 믿음과 신념에 따라 살기로 결심했다. (매년 숫자가 증가하므로 그 해에 얻은 깨달음이 계속 합쳐진다는 점을 기억하기 바란다.)

올해 카드인 **죽음**은 킴이 끝, 내려놓음, 그리고 완전한 변화에 관한 깨달음을 얻는다는 의미다. 작년에 킴은 외부의 인정을 원하는 마음과 인정받지 못했을 때 느끼는 분노를 모두 내려놓아야 한다는 사실을 깨달았다. 그래서 올해는 실제로 인정을 갈구하던 과거의 마음가짐을 내려놓는 과정을 겪어 낸다. 이런 성장 과정에서 힘겨운 점은 거절에 대한 강한 두려움에 맞서야 한다는 것이다. 완전한 변화란 킴이 예전과는 달리 거절에 대한 두려움 탓에 멈춰 서지는 않게 되었다는 점을 뜻한다. 덕분에 킴은 자신의 인생 행로 카드인 신비사제 카드를 더 잘 받아들일 수 있게 되었다. 이제는 거절당하거나 남들에게 맞춰 주어야 한다는 부담 없이 좀 더 자신 있게 여러 단체에 참여할 만한 능력이 생겼기 때문이다.

내년은 킴에게 중요한 해가 될 것이다. 내년 카드인 **절제**가 킴의 그림자이기 때문이다. 킴은 삶의 균형을 유지한다는 게 어떤 의미인지를 절실히 깨달을 것이다. 절제는 필요한 모든 것이 적절한 균형을 이루고 있어서 정서적, 창의적, 영적으로 잘 지낸다는 의미다. 절제 카드에 따르면 내년에 킴은 매달린 사람과 죽음의 고통이 예술과 공동체, 사랑으로 변화하는 과정을 겪게 될 것이다.

핵심 열쇠

핵심 열쇠 스프레드는 한 발짝 떨어져서 우리의 삶을 간략한 그림 한 장으로 보여준다. 이 스프레드는 과거, 현재, 미래의 모습을 살짝 보여주고 우리의 역량과 열정을 중점에 둔다. 핵심 열쇠 스프레드는 베너벨 웬의 책 《홀리스틱 타로》에 등장한다.

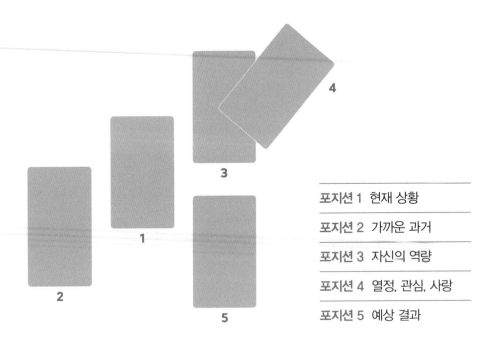

포지션 1 현재 상황

포지션 2 가까운 과거

포지션 3 자신의 역량

포지션 4 열정, 관심, 사랑

포지션 5 예상 결과

핵심 열쇠 리딩 예시

래리는 자기 자신을 돌아보려고 평소처럼 핵심 열쇠 리딩을 한다.

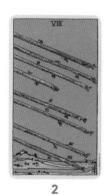

포지션 1	지팡이 9번
포지션 2	지팡이 8번
포지션 3	지팡이 7번
포지션 4	탑
포지션 5	컵의 견습기사

현재 상황을 나타내는 포지션에 나온 **지팡이 9번** 카드는 방어적인 태도를 가리킨다. 래리는 최근 파트너와 같이 살게 되었는데 의사소통 방식이 맞지 않아 어려움을 겪고 있다. 예전에 래리는 자신의 관점을 옹호하고 방어적인 태도로 의사소통을 하는 데 익숙했다. 그런데 현재의 파트너인 제이는 이런 의사소통 방식에 거부감을 느끼고 좀 더 부드럽게 대화를 나누고 싶어 한다. 또한 래리는 제이와 함께 살게 된 새 집에 대해서도 방어적인 태도를 보인다. 두 사람은 서로에게 도움이 되는 관계를 쌓고 함께 가정을 꾸려 나가는 중이다. 래리는 제이와 함께 하는 삶에 위험이 될 만한 것들을 경계하고 있다.

가까운 과거를 의미하는 포지션에 **지팡이 8번** 카드가 등장했다는 것은 지팡이 여덟 개에서 아홉 개로 진전했음을 명확하게 보여 준다. 지난 3년 동안 래리의 주거 상황은 항상 불안정한 상태였다. 여러 문제가 발생했고 자주 이사를 다녔다. 지팡이 8번은 움직임을 뜻할 뿐 아니라 성공을 향해 마지막 한 걸음을 내딛기 전에 한바탕 소동을 겪는 시기를 가리킨다. 전에는 직장과 공동체에서 래리의 자리가 불안정했지만 이제는 소중하게 지켜야 할 일자리와 집을 구했다.

래리의 역량을 나타내는 포지션에 **지팡이 7번** 카드가 나왔다는 것은 래리의 의사소통 방식에 긍정적인 측면이 있고 그런 부분이 공동체와 가정, 직장에서 좋은 방향으로 작용한다는 뜻이다. 래리는 가치를 지지하고 옹호하는 사람이기 때문이다. 비록 때

로는 지나치게 방어적인 태도가 관계 안에서 문제가 되기도 하지만 일반적으로 래리는 가슴이 뜨겁고 적극적으로 의사소통을 하는 사람이며 불의에 맞서서 자기 자신과 다른 사람들을 지켜준다. 그는 아이 돌보미로 일할 때 따뜻한 마음으로 공동체를 배려하면서 의사소통하는 방법을 아이들에게 가르쳐 준다. 또한 뜨거운 가슴과 효과적으로 의사소통할 수 있는 능력을 활용해 파트너인 제이와도 더욱 친밀한 관계를 형성할 수 있다.

열정, 관심, 사랑을 말해 주는 포지션에 **탑** 카드가 등장했다는 것이 처음에는 놀랍게 여겨질 수도 있지만 래리한테 이 카드가 나올 만도 하다. 래리는 자본주의, 가부장제, 이분법적 성별 구분을 타파하기를 원한다. 몇 년 전에 스스로 목숨을 버릴 뻔한 사건을 겪은 이후에 그는 자기파괴적인 행동을 하는 대신 그런 파괴의 힘을 억압적인 제도와 맞서 싸우는 데 쓰겠다고 스스로 다짐했다. 공동체 안의 폭력을 근절하고 모두의 건강과 행복, 안전을 지키고자 단호한 태도로 노력한다. 래리는 (뜨거운 가슴으로 파괴의 힘을 좋은 방향으로 활용하는) 탑 카드가 자신의 다양한 행동을 하나로 이어줄 수 있다는 것을 이해한다.

예상 결과를 보여 주는 포지션에 **컵의 견습기사** 카드가 나왔다는 것은 래리와 제이가 안전한 가정을 꾸리고 조화로운 관계를 유지하는 데 성공한다는 의미다. 달콤하고 창의적인 분위기가 깃든 집에서 새로운 감정을 발견하게 될 것이다.

켈트 십자가

켈트 십자가는 가장 널리 알려진 타로 스프레드 중 하나다. 이 스프레드는 어떤 상황에 대한 세밀한 관점을 제공한다. 일상생활을 리딩할 때도 활용 가능하며 커리어나 영적인 성장 등 특정 상황과 관련된 요소를 살펴볼 때도 적용할 수 있다.

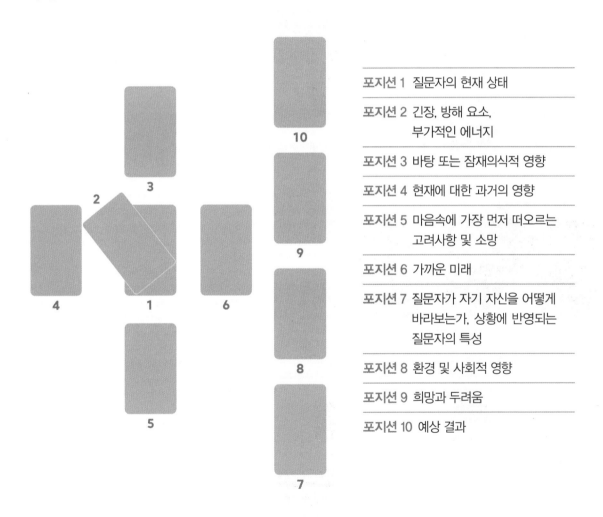

포지션 1 질문자의 현재 상태

포지션 2 긴장, 방해 요소,
부가적인 에너지

포지션 3 바탕 또는 잠재의식적 영향

포지션 4 현재에 대한 과거의 영향

포지션 5 마음속에 가장 먼저 떠오르는
고려사항 및 소망

포지션 6 가까운 미래

포지션 7 질문자가 자기 자신을 어떻게
바라보는가, 상황에 반영되는
질문자의 특성

포지션 8 환경 및 사회적 영향

포지션 9 희망과 두려움

포지션 10 예상 결과

켈트 십자가 리딩 예시

루시아는 이제 28세가 되었다. 성년기의 초기인 20대가 마무리되어 감에 따라 인생에서 현재 자신의 위치가 어디쯤인지를 파악하고 싶어 한다. 기념할 만한 일은 무엇일까? 특히 관심을 기울여야 하는 부분은 무엇일까? 삶의 여러 부분이 균형을 이루고 있을까? 앞으로 어떻게 살아가는 것이 가장 좋을까?

포지션 1 컵 6번, 역방향

포지션 2 펜타클의 여왕, 역방향

포지션 3 별

포지션 4 바보, 역방향

포지션 5 검 3번, 역방향

포지션 6 검의 견습기사, 역방향

포지션 7 검 4번

포지션 8 펜타클 2번, 역방향

포지션 9 검 8번

포지션 10 컵 7번

컵 6번 카드가 역방향으로 나왔다는 것은 현재 향수가 루시아의 인식에 강한 영향을 미치고 있다는 점을 보여 준다. 루시아는 무엇에 대한 향수를 느끼는 걸까? 일단 그녀는 자신에게 기본적으로 필요한 모든 것을 부모님이 다 챙겨 주셨기 때문에 안락하고 편안했던 시절을 지독히도 그리워한다. 또한 예전에 만났던 남자 친구와 함께 지내는 동안에는 두 사람 모두 지금과는 달리 수입을 걱정할 필요가 없었다. 그래서 함께 포근한 보금자리를 꾸미며 생활의 안정을 느끼던 시절을 그리워한다.

컵 6번 카드가 역방향이라는 것은 루시아가 그리움의 유혹에 빠져 과거를 미화하고 예전의 모든 것을 장밋빛으로 바라본다는 뜻이다. 또한 역방향 카드는 루시아가 현재 가정을 꾸려 나가는 데 어려움을 겪고 있다는 것을 가리킨다. 뉴욕시에 있는 자신의 집과 뉴욕 주 북부에 있는 파트너의 집을 오가느라 시간을 나누어 지내야 하기 때문이다. 왔다 갔다 하며 지내다 보니 향수가 더욱 심해졌을지도 모른다. 컵 6번 카드가 역방향으로 나온 것을 본 루시아는 자신이 그동안 얼마나 향수에 빠져 있었는지를 새삼 깨닫고 현재의 삶을 실질적으로 해결할 방법을 찾는 데 소홀했다는 점을 알게 된다.

펜타클의 여왕 카드가 역방향으로 나왔다는 것은 루시아가 그동안 어디에 관심을 집중해 왔는지를 자각했음을 재차 알려준다. 정방향일 때 펜타클의 여왕 카드는 '자원을 전달해서 모든 사람이 안정감을 느끼고 도움을 받을 수 있도록 하는 재주'를 뜻한다.

역방향일 때 펜타클의 여왕 카드는 다른 수많은 과엽과 석성서리에 시달리고 있다는 의미다. 루시아가 부닥친 상황이 바로 그렇다. 자신의 자원을 프리랜서로서의 커리어를 쌓는 데 투자하고 있고 그 대신 집에는 자원을 전달하지 못하고 있는 상태다. 루시아는 이상적인 보금자리를 만드는 일에 무력감을 느끼며, 어떤 결정을 내리거나 행동을 취하기 전에 시간을 비롯한 더 많은 자원이 오기를 기다리고 있다.

포지션 1과 포지션 2에 있는 카드 사이의 갈등은 현재 가정을 이루는 것이 루시아에게 필요하지만 그런 과업을 뒷받침해 줄 만한 자원을 구할 수 없거나, 우선순위에서 밀리거나, 보이지 않는다는 의미다. 이런 문제가 있다는 것을 깨달은 루시아는 삶에서 집의 포근함을 누릴 수 있도록 매주 작은 일 하나라도 실천해야겠다고 결심한다.

포지션 3에 자리를 잡은 **별** 카드는 희망, 영감, 부활이 루시아의 현재 상황을 이해하는 근본적인 요소라는 사실을 알려 준다. 루시아에게는 현재 상황과는 사뭇 다른, 가정생활에 관한 커다란 비전이 있다. 영감을 불러일으키는 지역에서, 창의적이고 촘촘하게 짜인 공동체에 합류한다는 꿈도 여기에 포함된다. 이런 소망을 실현하기란 결코 쉽지 않다. 또한 언제나 큰 꿈을 꾸는 루시아에게 안정된 집이 있다면 이를 바탕으로 자기 인생의 계획을 대담하게 이뤄 나갈 수 있을 것이다. 다행히 포지션 1과 포지션 2에 있는 카드는 일시적인 상황을 보여 주는 반면에 별 카드는 루시아가 영감을 얻고 누군가에게 영감을 주는 능력이 지속될 것이라는 의미가 있다.

역방향일 때 **바보** 카드는 어리석음과 무책임함을 암시한다. 이 카드가 현재에 대한 과거의 영향 포지션에 등장했다는 것은 루시아가 무책임하게 살았던 날들이 이제 끝났다는 의미다. (무책임함의 범주는 삶의 여러 부분이다. 메이저 아르카나 카드는 한 분야에 국한되지 않기 때문이다.)

루시아의 마음속에서 제1순위는 역방향 **검 3번** 카드다. 이 카드는 격변과 고통을 뜻하지만 오히려 감정을 털어놓고 해소하는 기회일 수도 있다. 루시아와 그녀의 파트너는 감정을 느슨하게 풀어 두고 여러 가지 문제를 상의하고 대화하면 안정감 있게 서로 도울 수 있다. 두 사람 모두 주거 상황에서 스트레스를 받고 있기 때문에 힘들기는 하지만 서로 감정을 털어놓고 진솔한 대화를 나누는 것이 무엇보다 중요하다.

포지션 6에는 **검의 견습기사** 카드가 역방향으로 나왔다. 정방향일 때 검의 견습기사는 힘의 역학 관계를 인지하고 그런 역학 관계에 대한 메시지를 전달하는 역할을 한다. 역방향일 때는 인간 심리를 파악하는 능력을 뒷담화나 다른 사람을 조종하는 데 이용한다는 의미다.

이 카드를 본 루시아는 가까운 미래에 자기 귀에 들려올 정보를 분별 있게 받아들여야겠다고 스스로 다짐한다. 부정확한 정보일 수도 있고 다른 사람을 조종하거나 해를 끼칠 의도가 있을지도 모르기 때문이다. 특히 현재 루시아의 주거 상황이 중대한 문제이므로 잠재적인 룸메이트와 집에 대한 정보를 잘 분별해서 판단해야 한다. 별 카드를 고려해 생각해보면 루시아는 자신을 이끄는 영감과 비전에 직관과 비판적 사고를 적용해야 한다. 순진하게 속아 넘어가서 함정에 빠져서는 안 된다. (파티에서 노는 것에 지나치게 심취했던 일 등) 가까운 과거에 본인이 저질렀던 어리석은 행동을 반성하는 것이 중요하다. 그런 행동은 과거로 그쳐야 하며 겉보기에는 유용한 듯한 새로운 정보를 얻었을 때 별 카드의 그림자인 잘 속아 넘어가는 면이 나타나서는 안 된다.

포지션 7에 또다시 검 카드가 등장했다. **검 4번** 카드가 루시아의 마음속에 가장 먼저 떠오르는 생각을 가리키는 검 3번 카드를 따라왔다는 것에 유념하라. 루시아는 자신이 잠시 멈춰 있다고 생각한다. 그녀는 어디에서 어떻게 살아갈지 결정을 내리고자 마음의 준비를 하고 있으며 주거에 관계된 답답한 마음을 표현하고 해소해야 한다. 긍정적으로 생각해보면 루시아는 예전처럼 신나게 파티에서 놀던 시절을 뒤로 하고 이제 새로운 에너지와 관점을 얻게 됐다.

루시아는 역방향 **펜타클 2번** 카드가 무슨 뜻인지 안다. 이 카드는 이중생활에 균형을 잡는다는 의미를 지니고 있다. 두 군데를 옮겨 다니며 사는 것은 루시아에게 균형을 잃은 듯한 느낌을 준다. 그런데 이 카드가 정방향일 때의 의미인 에너지와 모멘텀이 잠재돼 있다. 어쩌면 이렇게 다이내믹한 주거 상황을 활용해 자기 자신과 파트너, 그리고 공동체를 위한 멋진 비전을 더욱 효과적으로 실현하면서 살 수 있을지도 모른다.

포지션 9의 자리를 차지한 **검 8번** 카드는 희망 또는 두려움을 나타낸다. 검 8번 카드는 괴로움을 뜻하기 때문에 자신도 모르는 조건에 갇혀 있는 것을 루시아가 두려워한다는 점을 보여준다. 이는 검의 견습기사 카드가 역방향으로 나온 것과 관련이 있는데, 누군가가 자신이 알고 있는 지식을 그녀에게 불리한 쪽으로 이용한다는 뜻이다. 루시아는 자신의 패러다임을 정의하는 힘에 대해 스스로 잘 모른다는 사실을 감지하고 있다. 또한 어떤 길을 택해야 할지도 모르고 각각의 길이 서로 어떻게 다른지조차 구별할 수 없어서 불안감을 느낀다. 루시아는 현재의 불안한 상태에 갇히거나 실수로 안 좋은 상황에 자신을 가두게 될까 봐 두려워한다.

포지션 10의 **컵 7번** 카드는 여전히 미래에 매력적인 선택지가 매우 많다는 것을 뜻하는데, 검 8번과 비교하면 그보다 더욱 긍정적이고 희망찬 카드다. 또한 현재의 상황을 알려 주는 역방향 컵 6번 카드의 '향수'에서 한 걸음 더 나아간다는 의미를 전달한다. 과거를 돌아보는 것에서 미래를 상상하는 쪽으로 진전이 이루어진다는 뜻이다. 환상과 소망을 기반으로 컵 7번 카드는 상상력이 넘치는 해결책을 바라고 있다. 상상력이 넘치는 해결책이야말로 마비 상태를 뜻하는 검 8번 카드에서 우리를 해방시켜 주는 것 중 하나다. 그리고 때로는 쉽게 떠올리기 어려울 만큼 상당히 창의적인 해결책을 찾아내는 데에

검 8번의 압박이 도움이 된다.

전반적으로 루시아는 인생의 지금 이 시점에서 환상에 좀 더 관심을 쏟아야 한다. 자신의 창의성과 낙관적인 성격에 집중해야 하며 또한 자기 앞에 놓여 있는 선택지를 잘 분별해야 한다. 잘 속지 않도록 하면서 단순한 소망에 그치지 않도록 하기 위해서다. 향수를 어느 정도 덜어낼 수 있다면 맑은 눈으로 이런 과업을 잘 이뤄낼 수 있을 것이다.

이제 앞으로 루시아에게 중요한 다음 단계는 주거 상황을 개선하는 일에 실질적인 진전이 있도록 관심을 집중하는 것이다. 이런 스트레스 상황에서 자신이 느끼는 감정을 표현한다면 과도한 스트레스를 줄이고 선택지를 분명하게 파악하는 데 도움이 된다. 여기서 가장 중요한 점은 이 스프레드의 바탕이 되고 해소와 정화를 촉진하는 별 카드의 긍정적인 특성을 잘 활용하는 것이다.

관계

나는 관계 스프레드를 활용할 때 켈트 십자가 스프레드와 동일한 레이아웃을 따르되 카드의 위치에 따른 의미를 약간 다르게 해석하는 방법을 사용한다. 이 스프레드는 연애 관계 또는 그 밖의 다른 인간관계에도 적용할 수 있다. 두 사람이 함께 있는 자리에서 리딩하는 것이 가장 좋다. (각자 덱의 절반 또는 전체 덱을 손에 들고 잘 섞은 후에 번갈아서 카드를 내려놓으면 된다.) 하지만 둘 중 한 사람이 관계 안의 역학 관계에 대한 통찰을 얻고 싶다면 혼자서 관계 스프레드를 활용할 수도 있다. 이 스프레드는 메리 K. 그리어의 책《나 자신을 위한 타로》에 등장한다.

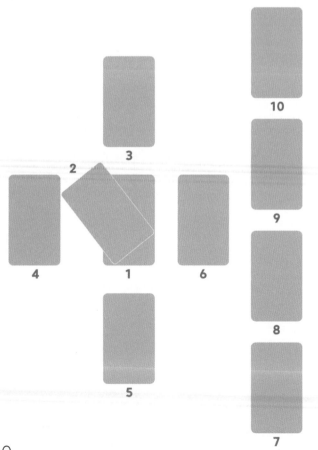

포지션 1	관계 안에서 A의 마음
포지션 2	관계 안에서 B의 마음
포지션 3	관계의 바탕
포지션 4	기존의 관계 맺음 방식
포지션 5	커플이 의식하고 있는 목표
포지션 6	결정해야 할 문제
포지션 7	관계 안에서 B가 자신을 어떻게 바라보는가
포지션 8	관계 안에서 A가 자신을 어떻게 바라보는가
포지션 9	해결해야 할 문제
포지션 10	현재 상황에서 예상되는 결과

관계 리딩 예시

사귄 지 6개월이 되어가는 레이첼과 세스는 관계 스프레드를 활용해서 두 사람의 파트너십을 살펴보고자 한다.

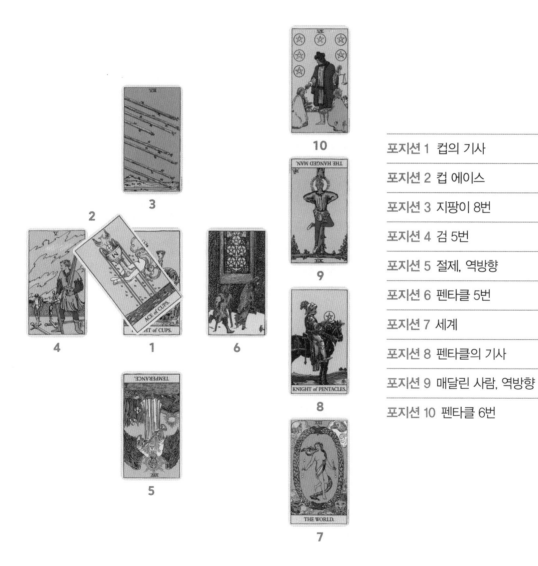

포지션 1 컵의 기사

포지션 2 컵 에이스

포지션 3 지팡이 8번

포지션 4 검 5번

포지션 5 절제, 역방향

포지션 6 펜타클 5번

포지션 7 세계

포지션 8 펜타클의 기사

포지션 9 매달린 사람, 역방향

포지션 10 펜타클 6번

관계 안에서 레이첼의 마음에 해당하는 포지션에 **컵의 기사**가 나왔다는 것은 이 사랑에 대한 레이첼의 열정과 이상주의를 보여준다. 기사 카드가 다른 카드와 마주할 때 우리는 기사의 열정에 어떤 특성이 있고 어떤 방향으로 향하는지 어렴풋이 알 수 있다. 여기서 기사 카드가 **펜타클 5번** 카드를 마주하고 있다는 것은 레이첼이 역경을 통해 단단해지는 것을 이상적인 관계로 생각한다는 것을 의미한다. 컵의 기사는 다른 사람이나 어떤 상황이 자신의 이상에 의문을 제기할 때 쉽게 상처받거나 인내심을 잃어버린다.

어디서 이런 문제가 발생할 가능성이 있는지에 대한 통찰을 얻으려 할 때, 결정해야 할 문제를 가리키는 포지션 6에 펜타클 5번이 나왔다는 것이 눈에 들어온다. 외부의 힘이나 질병 때문에 건강, 시간, 돈을 비롯한 자원이 제한되는 상황에서 레이첼과 세스는 어려운 시기를 견뎌내는 데 도움이 될 결정을 함께 내릴 수 있을까? 그리고 해결해야 할 문제를 나타내는 포지션 9에는 **매달린 사람** 카드가 역방향으로 등장했다. 이는 두 사람이 서로를 신뢰할 수 있는지가 문제 해결에 가장 중요한 요인으로 작용한다는 것을 뜻한다. 레이첼은 전적인 지지를 통해 고난을 이겨낸다는 자신의 이상에 걸맞게 행동해야 한다. 현재 상황에서 예상되는 결과를 보여주는 포지션 10에 번영과 관용, 안정을 뜻하는 **펜타클 6번** 카드가 나왔다는 것은 레이첼이 스스로 가치 있게 생각하는 지지를 상대방에게 해 주고 또한 받을 수

있다는 뜻이다.

관계 안에서 세스의 마음을 가리키는 카드는 **컵 에이스**다. 그의 마음에는 사랑과 기쁨이 가득하고 레이첼과 교감을 나누는 데에서 무한한 잠재력을 느낀다.

관계의 바탕을 나타내는 카드는 **지팡이 8번**이다. 이 카드는 세스와 레이첼이 모험심을 느끼고 생산적인 활동을 하며 의사소통을 할 수 있도록 서로에게 영감을 불어넣는다는 것을 의미한다. 두 사람은 함께 여행하고 상대방의 창의적인 프로젝트를 서로 응원하며 수월하게 의사소통한다.

기존의 관계 맺음 방식을 가리키는 포지션에 갈등을 뜻하는 **검 5번** 카드가 나왔다는 것은 레이첼과 세스가 서로 다투는 법을 알게 되었다는 뜻이다. 사귀기 시작한 후에 몇 달간 상당한 의견 차이가 있었는데 그런 과정을 통해 두 사람은 자신의 두려움과 잘못을 직면하는 법을 배우게 되었다. 그렇게 힘든 시기를 함께 이겨 내고 더욱 강해질 수 있었다.

커플이 의식하고 있는 목표를 나타내는 포지션 5에 **절제** 카드가 등장했다. 세스와 레이첼은 둘 다 예술가다. 함께 예술 활동을 하고 서로의 예술 활동을 지지하는 것을 중요하게 여긴다. 또한 두 사람의 관계 안에도 조화롭고 예술적인 분위기를 조성하려고 노력한다. 상대방의 극단적인 측면을 서로 완화한다고 생각하며 앞으로도 그렇게 하고 싶어 한다. 또한 기쁘고 즐거운 중독과 극단적인 측면에 빠지려는 유혹에 저항한다. 역방향으로 나왔다는 것은 이 카드의

잠재력이 숨어 있다는 뜻이다. 레이첼과 세스는 규모가 큰 프로젝트를 함께 진행하는 일에 관해 대화를 나눈 적이 있다. 그런데 컬래버레이션에 어떤 매체나 주제를 활용해야 할지는 아직 정해진 바가 없다. 이때 두 사람 사이에서 해결해야 할 신뢰 문제를 나타내는 포지션 9에 있는 카드를 참고하면 도움이 된다. 합동 예술 프로젝트에 협력하는 과정은 이런 문제를 자세히 살펴보고 해결을 도모하는 데 상당히 좋은 계기로 작용할 것이다.

포지션 7에 **세계** 카드가 나왔다는 것은 세스가 레이첼과의 관계를 자기 인생에서 겪는 궁극적인 경험으로 여긴다는 뜻이다. 그는 레이첼과 함께 있을 때 완전해지는 기분이 든다.

레이첼은 또다시 기사와 자신을 동일시한다. 이번에는 포지션 8에 등장한 **펜타클의 기사** 카드다. 견습기사는 초보자, 학생, 젊은 사람 또는 견습생인 반면에 기사는 한 단계 더 성장한 상태를 뜻한다. 이제 자신이 어떤 방향으로 나아가고 있는지 확실히 알고 있지만 여전히 배워야 할 것이 많다. 이 기사 카드에 그려진 펜타클은 파트너십에서 자원을 공유하는 부분에 대한 레이첼의 이상적이고 순진한 태도와 역경 및 부에 관해서는 검증되지 않은 생각을 강조한다. 이제 견습기사가 아닌 기사라는 측면에서 레이첼이 사랑하는 법에 관해서는 더 이상 초보자가 아니라는 것을 알 수 있다. 하지만 펜타클의 여왕이나 왕이 되려면 아직도 배울 게 많고 레이첼도 이 사실을 알고 있다.

앞서 언급한 바와 같이, 해결해야 할 문제를 나타내는 포지션 9에 매릴린 사람 카드가 역방향으로 나왔다는 것은 신뢰와 관련된 문제가 있다는 걸 뜻한다. 세스와 레이첼은 서로를 옹호하는 것이 얼마나 중요한지 종종 이야기 나눈다. 두 사람은 인종이 다른 커플이고 어떤 사람과 교류하는지에 따라 어려움을 느끼는 부분이 때때로 달라지기 때문이다. 그들은 신뢰 문제와 관련된 예술 작품을 만들기로 결심한다. 현재 상황에서 예상되는 결과를 뜻하는 포지션 10에 펜타클 6번 카드가 나왔다는 것은 함께 예술작품을 만드는 과정에서 역경과 자원 공유에 관한 문제들을 당분간 어느 정도 해결하고 번영과 안정, 관용을 얻게 된다는 뜻이다.

선택지 비교

선택지 비교 스프레드는 의사결정에 활용하기 좋다. 각 선택지의 주된 장점과 단점을 세세하게 살펴보는 과정을 통해 우리는 어떤 문제를 중점적으로 고려해야 하는지 알 수 있고 어떤 장점과 단점이 가장 중요한지 파악하는 계기가 된다.

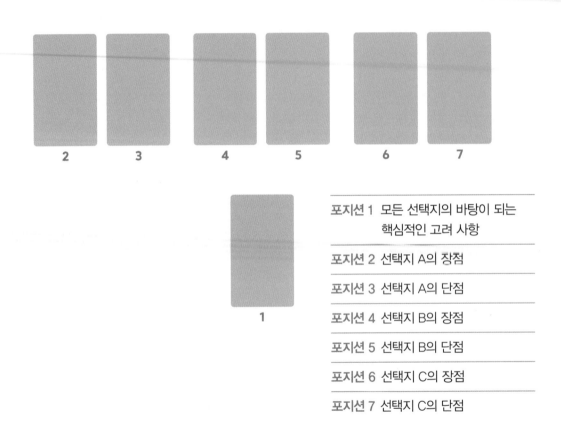

포지션 1 모든 선택지의 바탕이 되는 핵심적인 고려 사항

포지션 2 선택지 A의 장점

포지션 3 선택지 A의 단점

포지션 4 선택지 B의 장점

포지션 5 선택지 B의 단점

포지션 6 선택지 C의 장점

포지션 7 선택지 C의 단점

선택지 비교 리딩 예시

30대인 잭은 현재 간판 그리는 일을 하고 있는데 이 일이 마음에 들지 않는다. 그는 재능 있는 뮤지션으로 어느 정도 성공을 거두었지만 여러 차례 거절을 당한 후에 이제 과연 음악과 관련된 커리어를 지속할 수 있을지 망설이고 있다.

잭에게는 세 가지 선택지가 있다.

A 자신의 음반 레이블을 설립하고 직접 음악을 프로듀싱한다.

B 음반 레이블에 발탁될 수 있도록 최대한 노력한다.

C 안정적인 수입을 유지할 수 있는 기술 관련 일자리를 찾고 취미로 음악을 한다.

2   3   4   5   6   7

1

포지션 1 탑

포지션 2 달, 역방향

포지션 3 지팡이 4번, 역방향

포지션 4 검 2번

포지션 5 컵의 여왕, 역방향

포지션 6 컵의 기사, 역방향

포지션 7 전차, 역방향

모든 선택지의 바탕이 되는 핵심적인 고려 사항

모든 선택지의 바탕이 되는 핵심적인 고려사항을 가리키는 포지션 1에 탑 카드가 나왔다는 것은 잭이 일이 잘 안 풀리는 현재 상황에서 벗어나야만 한다는 의미다. 어떤 선택지를 고르건 간에 잭은 지금 하고 있는 간판 그리는 일을 그만두어야 한다. 마음속에 불만과 분노가 가득한 상황에서 완전히 빠져나와야 한다.

선택지 A: 자신의 음반 레이블을 설립한다

잭이 자신의 음악을 직접 제작하는 선택의 장점은 무엇일까? 역방향일 때 달 카드는 자기 회피라는 이상한 장점을 제공한다. 달 카드가 역방향으로 나왔다는 것은 과거의 감정 패턴에 여전히 갇혀 있다는 뜻이다. 이 경우에 다른 음반 회사에서 거절당해서 자신이 쓸모없는 기분이 드는 상황에서 벗어나는 것이 얼핏 보기에는 장점으로 다가온다고 하더라도, 잭이 현재의 상황을 말끔히 정리해야 한다고 주장하는 탑 카드와는 상충된다.

역방향일 때 지팡이 4번 카드 역시 이와 비슷한 메시지를 전달한다. 자신의 음반 레이블을 만든다고 하더라도 그곳에서 잭이 이루는 성취는 자축할 만큼

가치 있게 여겨지지 않을 것이다. 잭은 마음속 깊은 곳에서는 자신의 레이블을 설립한다면 거절과 순응의 문제에 맞서지 않고 피해 버리는 아웃사이더로 남게 되고 더욱 성장할 수 없다는 것을 잘 알고 있다.

선택지 B: 음반 레이블에 발탁될 수 있도록 최대한 노력하는 데 에너지와 자원을 집중한다

선택지 B의 장점을 보여주는 카드는 검 2번이다. 이 카드는 쉽게 답을 말해 주지 않지만 직관적인 답을 넌지시 알려주는 경향이 있다. 선택지 B를 택하면 잭은 지난 몇 년간 피해 왔던 질문에 대한 답을 고민하고 찾아야 한다. 검 2번 카드는 불확실성을 뜻하기 때문에 이 경우 성공적인 커리어를 쌓아나갈 수 있을지는 확실히 알 수 없다. 하지만 그렇게 방황하고 모색하는 과정에서 잭은 나음 앨범에 대한 강렬한 영감을 얻게 될 것이다.

선택지 B의 단점을 나타내는 카드는 역방향으로 등장한 컵의 여왕 카드다. 선택지 B는 감정적으로 진이 빠지는 경험이 될 것이다. 잭은 교활한 사람들을 상대해야 할 수도 있고 어쩌면 자신이 피해자라는 생각을 하게 될 수도 있다.

선택지 C: 다른 커리어를 알아본다

역방향일 때 컵의 기사 카드는 잭이 음악과 무관한 다른 커리어로 돈을 벌어서 자신의 음악에 투자하는 경우의 장점을 보여준다. 이 기드는 잭이 자기 자신을 표현할 수 없게 된다는 뜻이다. 창작력이 저해되고 실망에 빠지며 잭이 지속적으로 겪고 있는 문제인 거절에 대한 두려움을 느낀다는 것이다. 잭은 왜 이 카드가 장점이 될 수 있는지에 확신이 없고, 거절에 대한 두려움 아래에 존재하는 무의식의 벽이 생각했던 것보다 더 무시무시할 수도 있다는 생각이 든다. 오죽하면 평생 창의력 고갈 상태로 사는 것이 장점으로 느껴질까. 단점을 가리키는 포지션에 전차 카드가 역방향으로 나왔다는 것은 또 다른 실망을 의미한다.

결론

결과적으로 B가 잭에게 최선의 선택인 것으로 보인다. 그다지 매력적으로 보이는 방안은 아니지만 잭은 단기간에 자신이 만들어 낼 수 있는 변화에 집중하기로 결심했다. 전망이 더 밝아지고 미래의 선택지가 더 나아질 수 있도록 말이다. 잭은 마지막으로 다음 장의 트리케트라 결과 관리 스프레드를 활용해서 시각을 넓혀 보려 한다.

트리케트라 결과 처리

인생이 암울하게만 보일 때, 또는 리딩을 했는데 낙담할 만한 결과 카드가 나왔을 때, 트리케트라 (교차하는 3개의 곡선으로 이루어진 삼각형과 비슷한 고대 문양—옮긴이) 결과 관리 스프레드는 자기 앞에 놓인 길을 바꿀 만한 에너지를 주고 질적 향상을 이뤄 낼 수 있도록 도와준다. 이 스프레드를 사용할 때는 카드가 역방향일 때의 의미와 상관없이 세 장의 카드를 모두 정방향일 때의 의미로 해석하는 편이 좋다.

포지션 1 자아, 개인 무의식, 사랑

포지션 2 집단 무의식, 책임, 전체에 대한 기여, 명예

포지션 3 직관, 고차원석 지혜, 보호

트리케트라 결과 처리 리딩 예시

앞서 선택지 비교 스프레드 예시에서 등장했던 잭이 이번에는 마음을 열고 새로운 선택지를 추가하는 과정에서 힘을 얻고자 트리케트라 결과 관리 스프레드를 활용한다.

1

2

3

포지션 1 펜타클 8번

포지션 2 펜타클 7번

포지션 3 펜타클 9번

이 스프레드의 모든 카드는 커리어와 경제활동을 강조하는 펜타클 슈트에서 나왔다. 펜타클 카드가 세 장 연속으로 나왔다는 것은 한 단계에서 노력하면 다음 단계로 이어진다는 의미다. 또한 수많은 노력 끝에 마침내 **펜타클 9번** 카드가 뜻하는 것처럼 번창하고 편안한 라이프스타일을 누린다는 것이다.

자아, 개인 무의식, 사랑을 나타내는 포지션 1에 **펜타클 8번** 카드가 나온 것은 잭이 정말 근면 성실한 사람이라는 의미다. 어떤 길을 택하건 간에 잭은 자신의 일을 착실하게 잘 해낼 수 있는 사람이다. 그에게는 프로젝트를 감당 가능한 수준의 여러 과제로 나누어서 그 과제를 하나씩 잘 해내는 재능이 있다. 이 카드의 포지션을 고려할 때 잭은 음악 분야의 커리어와 관련된 일에 헌신적이며, 자기 자신과 자신의 음악을 듣는 청중을 위해 노력한다.

집단 무의식, 책임, 전체에 대한 기여, 명예를 기리키는 포지션 2에는 앞으로의 성공을 암시하는 펜타클 7번 카드가 나왔다. 지금은 결과가 불확실해 보일지 모르지만 이미 잭은 그동안 음악에 많은 시간과 노력, 자원을 쏟아 왔다. 따라서 예술 활동을 계속해 나간다면 지금껏 투자한 것을 곱절로 보상받게 될 것이다. 잭은 음악으로 역사에서 잊혀질 뻔했던 사람들의 이야기를 들려주고 집단적인 상상력에 양분을 제공한다. 훨씬 더 큰 집단을 위해서라도 잭은 음악 방면의 커리어를 계속 이어나가야 할 책임이 있다.

직관, 고차원적 지혜, 보호를 나타내는 포지션 3에는 **펜타클 9번** 카드가 나왔다. 풍요로움과 차분함이 잭을 이끌어줄 것이라는 뜻이다. 잭이 이 카드를 보면 음악과 문화를 위한 삶을 추구하겠다는 소망이 인정받은 듯한 기분이 들 것이다. 그리고 펜타클 7번 카드가 나타내는 것처럼 앞으로의 성공에 대한 **확신**을 갖게 된다. 아름다움을 추구하는 삶의 방향으로 나아가려는 선택은 현명하다.

나만의 타로 스프레드를 만들 수 있을까?

물론이다! 나는 의뢰인의 특별한 질문과 상황을 바탕으로 종종 그 자리에서 스프레드를 만들어 내곤 한다. 일반적으로 해당 질문에 대한 전반적인 답변이 되는 핵심 카드를 두고 미리 파악 가능한 부수적인 요인에 대한 카드를 각각 한 장씩 사용한다.

각 요인이 서로 어떤 관계라고 생각하는지를 반영해서 카드의 포지션을 정할 수 있다. 예를 들자면 앞에서 살펴본 과거/현재/미래 스프레드(46쪽)와 켈트 십자가 스프레드(55쪽)의 경우에서 알 수 있듯이, 보통 왼쪽(과거)에서 오른쪽(미래)으로 시간 순서가 표현된다. 스프레드의 각 요인이 서로 어떤 관계를 지니는지는 창의력을 발휘해서 시각적으로 나타내면 된다.

대부분 기존에 잘 알고 있는 구조를 활용해 자신만의 스프레드를 만드는 것이 좋다. 나는 픽션의 구조에 조예가 깊은 편이라서 의뢰인이 소설가라면 '영웅의 여정'에서 중요한 플롯 기점마다 카드 한 장을 놓는 방식을 사용한다. 만약 당신이 요리사라면 특정 레시피의 각 단계나 층위와 비슷한 스프레드를 만들어 볼 수 있다. (이 스프레드는 인생의 어떤 부분에서든 활용 가능하다.) 만약 당신이 활동가라면 어떤 특정 활동 단계에 바탕을 둔 스프레드를 만들 수 있다. 어떤 방법으로 세상을 이해하고 세상에 참여하든, 그 방법의 표현 방식이나 연장선상에서 카드를 활용하기 바란다.

타로를 통한 성장

나는 타로를 활용해 의뢰인이 창의력 고갈에서 벗어나 자신의 영감을 심화하고, 개인의 삶과 창조적 작업의 바탕에 깔린 문제와 가치를 더욱 또렷하게 인식할 수 있도록 돕는다. 나와 대화함으로써 그들은 삶 속에서 일어나는 크고 작은 일들을 내면의 창조적 작업과 연결한다. 그러면 더욱 진실한 삶을 살게 되고 자신의 프로젝트를 완성할 수 있게 된다. 이때 내 비결은 도전 과제와 장애물을 창문으로 삼아 무한한 영감을 주는 풍부한 내면 세계를 들여다보는 것이다. 당신도 자신을 위해 타로 카드를 활용할 때 이런 방법을 써보기를 바란다.

원하지 않는 경험이라고 무시하거나 억지로 다른 상황을 만들기보다 경험을 있는 그대로 존중할 때 우리는 받아들임에서 안도감을 느낀다. 새로운 관점을 얻게 되는 것이다. 아름답든 추하든, 감당 가능하든 그렇지 않든, 낯설든 익숙하든 간에 우리 내면 현실을 있는 그대로 표현할 때 새로운 가능성의 영역이 열린다. 여기서부터 우리는 자신의 두려움과 남들이 정한 기준을 따를지, 아니면 우리가 상상해 온 현실과 직관을 통해 얻게 된 비전과 일치하는 삶을 살아갈지 선택할 수 있다.

이번 장에서 내가 권하는 방법은 다음과 같다. 카드 위에서 간단하게 명상하며 어떤 감정과 연상 작용, 내러티브가 자연스럽게 떠오르는지를 지켜보는 것이다. 그런 다음, 명상하는 동안 머릿속에 떠올랐던 경험을 카드의 정의와 연결해서 생각해 본다. 이렇게 내면의 경험을 이루는 요소를 정확하게 하나씩 짚어 보는 과정에서 통찰과 깨달음을 얻을 수 있고 더 나아가 예술과 대화, 일기쓰기 등의 방식으로 탐구하고 표현할 수 있게 된다. 이런 방법으로 경험을 인식하면 패러다임을 이해할 수 있고 때로는 패러다임의 변화가 삶의 성장과 변화를 촉진하기도 한다. 나는 이렇게 변화를 촉진하는 카드와의 관계를 지속해 나가는 것이 중요하다고 생각한다. 통찰한 바를 어떻게 행동에 반영할 것인지, 이를 통해 어떻게 하면 우리 자신과 우리가 속한 공동체의 역량을 더욱 키울 수 있을지에 대한 지침을 얻으려면 다시 카드로 돌아갈 필요가 있다.

이번 장에는 타로로 자신을 탐구하고 성장을 도모하는 방법과 구체적인 기법을 실었다. 한 자리에서 하나씩 활용해도 좋고, 며칠이나 몇 주 또는 몇 달에 걸쳐서 진행해도 괜찮다. 이 방법은 타로에 어떤 종류의 질문을 던지는지와 상관없이 모두 적용 가능하다. 커리어, 가족, 건강, 연애, 영성 또는 삶을 이루는 그 밖의 영역을 질문해도 좋다. 결국 삶의 모든 영역은 근본적으로 서로 연결돼 있다. 예를 들어 연애와 관련된 문제를 해결하고자 애쓰다가도 사실 그런 질문이 일터에서의 성장과도 연결돼 있다는 것을 느낄 수 있다. 만약 타로를 통해 깊이 있는 통찰을 얻고 진정으로 성장하기를 원한다면 삶을 구성하는 모든 영역과 자신의 모든 측면을 서로 연결하는 심오한 차원에서 심사숙고할 필요가 있다.

직관과 교감하기

타로를 통해 성장하고 역량을 키우려면 우리의 직관과 교감해야 한다. 어떻게 하면 타로 카드가 우리 내면의 삶을 드러내 주는 렌즈 역할을 할 수 있을까?

자기 내면의 경험과 직관을 분명히 이해하기 위한 연습 과제

타로 카드를 활용해 내면에서 경험을 구성하는 요소를 분명히 이해하고 내면의 삶을 명상하며 탐구해 보기를 바란다. 어떻게 하면 내면에서 이 렌즈를 작동시킬 수 있을까? 가만히 앉아서 떠오르는 생각들을 물끄러미 지켜보아라. 열린 마음으로 받아들여라. 이렇게 하면 자신이 처한 현실에 적용할 지식을 얻을 수 있고 직관과 교감할 수 있다.

첫 번째 단계는 경험에 주목하고 경험을 이해하며 직관과 교감하는 것이다. 이 단계에서는 경험이나 자기 자신을 바꾸려 하지 말고 그저 단순하게 지금 자신이 처한 현실을 있는 그대로 받아들인다.

카드 한 장에 대한 명상

누구의 방해도 받지 않을 수 있는 조용한 장소로 가라. 제2장에서 설명한 방식으로 덱을 준비한 다음에 카드 한 장을 뽑아라.

잠깐 동안 생각에 깊이 잠겨서 카드에 담긴 이미지를 받아들여라. 인물(들), 상징, 배경, 분위기, 색깔, 카드의 이름과 숫자에 주의를 기울여라. 만약

이전에 외워 둔 그 카드의 의미가 떠오른다면 그대로 두어라. 하지만 이때 카드의 공식적인 의미를 알고 있어야 할 필요는 전혀 없다.

처음 카드를 보았을 때 특히 눈에 들어오는 것이 무엇인지, 그리고 두 번째로 보았을 때 눈에 띄는 것이 무엇인지를 살펴보아라.

계속 카드 안으로 들어가거나 교감해라. 메리 K. 그리어의 책 《타로 카드를 읽는 21가지 방법》에 따르면 카드 속 인물의 입장이 돼 눈을 감고 어떤 기분이 드는지 생각해 보는 것도 도움이 된다. 또한 명상하기 좋은 편안한 자세로 앉거나 서서 눈을 감고 당신 앞에 놓여 있는 카드를 떠올려 보라. 그런 다음 당신이 카드 안으로 들어가서 카드 속 인물 중 한 사람이 되어 보거나 카드 속 인물이나 물건, 환경과 교감하고 있다고 상상해 보아라. 아울러 눈을 뜬 채로 걸으면서 명상을 하는 방법을 시도해도 좋다. 카드에 묘사된 환경을 상상 속에서 탐색해 보는 것이다.

어떤 방식으로 카드를 상상하거나 카드 속으로 들어가든 간에 카드를 숙지하고 카드에서 연상되는 것들을 혼자 생각할 시간을 충분히 확보해야 한다. 이 카드는 어떤 기억과 감정, 이미지, 이야기, 질문을 불러일으키는가? 또는 호흡과 심박수, 체온에 어떤 변화를 유발하는가?

만약 곧바로 머릿속에 떠오르는 것이 없다면 자신에게 그 카드를 설명하거나 카드에 관한 질문을 던져보자. "이 카드에서는 어떤 일이 벌어지고 있을

까? 어떤 계절이 묘사돼 있을까? 카드 속 인물은 누구일까?"

예지력이 있는 타로 지도자인 알리아 커티스는 자신의 워크숍에서 나에게 이렇게 말한 적이 있다. "대부분의 사람은 직관으로 바로 들어가고 싶어 하죠. 하지만 처음에 마음속에 떠오르는 것은 생각인 경우가 많아요. 직관은 그다음에 따라오죠." 다시 말하자면 너무 자신을 몰아세우지 말고 충분한 시간을 들여 카드를 탐색하고 개인적으로 연상되는 것을 살펴본 후에 직관을 활용해서 카드와 자신의 개인적 경험이 어떻게 연결되는지 느껴보라는 뜻이다.

마지막으로 당신이 뽑은 카드를 사진으로 찍어 두거나 그 카드에 대한 기록을 남기기 바란다. 그러면 나중에 다시 이 카드를 참고해서 지침을 얻을 수 있다.

스프레드에 대한 명상
제3장에 소개한 스프레드 중 하나를 고르거나 직접 고안한 스프레드를 펼쳐 보아라.

펼쳐진 여러 장의 카드를 눈으로 훑어보면서 카드 사이에 어떤 관계가 작용하는지 살펴보라. 카드 사이의 역학 관계가 긴박해 보이는가? 요구사항이 많고 부담스러운가? 지지해 주고 힘이 되어 주는가? 위급한가? 느긋한가? 카드 속 인물의 상대적 나이는 어떻게 될까? 인물들이 서로를 마주보는가? 아니면 서로 다른 방향을 바라보는가? 카드 사이의 유사점과 차이점은 무엇일까?

카드 사이의 이러한 관계들을 두고 명상하라. 여기서 개인적으로 어떤 것들이 연상되는가? 스프레드를 사진으로 찍어 두거나 각각의 카드와 그 위치를 기록해 두어라. 그러면 나중에 다시 이 스프레드를 참고해서 지침을 얻을 수 있다.

직관과 의식적 사고를 통합하기

눈치챘는지 모르겠지만 앞서 직관과 교감하는 방법을 설명할 때 카드의 공식적 의미는 전혀 이야기하지 않았다. 이미지를 독립적으로 해석하는 다양한 방법이 있기 때문이다. 말로 설명하지 않더라도 이미지는 여전히 의식적 의미와 무의식적 의미가 있다. 이런 이미지들은 언어와 의식적 사고를 동반하는 경향이 있는 정신적 구조와 정서적 기대에서 자유롭다. 의식적 사고에서 벗어난 자유가 있어야 우리는 자신의 직관과 처음으로 교감할 수 있다.

그런데 이번 단계에서는 명상에서 얻은 경험과 연상 작용을 의식적인 사고에 접목해야 한다. 이는 자기 내면의 경험을 개념화된 형태로 표현하는 것이다. 일단 카드라는 렌즈로 내면에서 겪은 경험을 분명히 이해하고 통찰을 얻은 다음 그 내용을 더욱 깊이 탐색해서 의식적 사고와 통합하는 것이다.

통찰에 필요한 타로 카드의 정의
당신이 연상한 것과 직관적인 메시지가 카드의 의미

와 어떻게 어울리는지 주의 깊게 살펴보기 바란다. 카드 한 장 또는 여러 장의 정의를 떠올려 보거나 읽어 보고 정의 중에서 어떤 부분이 명상하는 동안 당신이 경험했던 바를 제대로 묘사하는지 찾아보아라. 자신의 경험을 분명히 이해할 때의 기분은 어떤가? 이런 과정을 통해 어떤 것들을 표현할 수 있는가? 어떤 통찰을 얻었을까? 이런 원형과 상징, 아이디어, 특성 및 주제가 직관의 내용을 말로 표현하는 데 도움이 될 것이다. 그 내용을 마음속으로 생각해 보거나 일기에 적어도 좋다.

경험을 표현할 때 우리는 이루 말로 표현할 수 없는 것에 형태를 부여한다. 명상에서 느낀 폭넓고 복잡한 경험이 이제는 더 구체적인 형태의 개념이 된다. 자신의 경험을 카드의 의미와 쉽게 연결 지어 생각하는 데까지는 많은 연습이 필요하다. 하지만 그렇게 하면 무의식적인 마음과 직관을 의식에 반영할 수 있게 된다. 잠시나마 의식직인 마음과 무의식적인 마음이 서로 연결된다. 이렇게 원형과 개인적 경험이 연계되면 우리의 삶 속에서 수많은 통찰과 자유를 얻을 수 있다. 그러면 삶의 모든 것이 흥미롭고 의미가 부여되며 더욱 큰 모멘텀을 지니게 된다.

창의적 표현으로 통찰을 탐색하고 통합하기

앞에서 소개한 연습 과제로 최초의 통찰을 얻을 수 있다. 타로 카드의 의미와 자신의 경험이 어떻게 연결돼 있는지를 살펴본 후에는 다양한 창의적 표현으로 통찰을 더욱 깊이 있게 탐색하고 통합하기를 바란다. 이런 방법으로 최초의 통찰을 탐색하고 발전시킨다면 당신이 처한 상황을 인식하는 데에도 통찰을 더할 수 있게 된다. 자기 인식을 확대하고 삶에서 긍정적인 변화를 만들어 내려면 카드를 통해 최초로 얻은 통찰을 우리의 의식과 일상생활 속 행동에 반영하는 것이 중요하다.

다음과 같은 방법으로 시작할 수 있다.

• 카드에 등장하는 상징이나 의미 중 하나 또는 여러 가지를 활용해 이야기, 시, 노래, 안무, 비주얼 아트 작품 등을 만들어본다.
• 자기만의 해석과 상징, 스타일을 반영해 카드를 다시 그려본다.
• 타로 카드를 통해 살펴본 자기 경험의 한 측면을 글로 써 보아라. 이런 측면을 존중하고 받아들이고 싶은가? 아니면 이린 습관이니 믿음, 문제, 인간관계의 역학 관계를 놓아 버려야 할 때인가? 그런 면을 표현할 수 있는 의례를 만들어 보고, 받아들이거나 놓아 버려라.
• 카드 속의 인물이나 사물, 또는 배경 사이의 대화를 적어보아라.

어떤 형태를 선택하든 당신의 통찰을 활용하고, 타로에 질문했던 구체적인 상황과 타로 카드 자체를 활용해 창의적 표현을 해 보기를 바란다. 이런 작업은 정말 신나고 흥미롭지만 결코 쉬운 일은 아니다.

두려움과 막다른 길을 넘어설 수 있도록 참을성을 길러라. 의미를 만들어 낼 때 우리는 미지의 세계로 들어서게 된다.

이런 방식으로 연습하면 할수록 직관이 자신을 이끌어 주는 경험을 하게 될 것이다. 직관이 우리를 이끌어 준다 하더라도 우리는 여전히 시행착오를 거치면서 배워 가는 중이다. 이렇게 생각하면 도움이 된다. 직관은 우리가 어둠을 헤쳐 나갈 수 있도록 이끌어 주며, 우리가 마주쳐야 할 것들로 인도해 준다. 그래야만 그런 것들의 윤곽을 확인할 수 있고 서로 어떤 위치에 놓여 있는지, 그리고 이들이 앞으로의 삶에 어떤 영향을 미치는지 등 역학 관계를 파악할 수 있기 때문이다. 또한 이를 표현하는 과정은 연상 작용에서 얻은 통찰을 의식적 사고에 통합할 때 중요한 부분이다. 이런 연습을 하다가 처음의 아이디어나 계획에서 벗어나는 것을 걱정하지 마라. 직관을 따라가면 그런 일이 자연스럽게 일어난다.

통찰을 행동에 반영하기

우리는 진실을 표현하면서 성장한다. 예술, 대화, 일기를 비롯한 다양한 창의적 활동으로 자신의 경험을 표현함으로써 오래된 두려움과 믿음에서 벗어날 수 있고 새로운 것을 알아낼 수 있다. 그러면 말하고 행동하는 방식이 조금씩 달라진다. 이제 우리는 더욱 열린 마음을 갖게 되고, 더욱 평온하고, 모험심이 강해지고, 더 많이 사랑할 수 있게 된다. 열린 마음으로 받아들일 때 우리의 삶은 빠르게 변하기 시작한다.

그동안 사용해 온 원래의 카드나 스프레드로 다시 돌아가 보라. 이제는 표현하며 모멘텀을 경험했기 때문에 그런 에너지를 신중하게 행동과 성장, 역량 강화에 쓸 수 있다.

카드에 대해 잠시 명상해 보자. 이제 이 카드를 바라보는 관점과 이와 비슷한 삶을 어떻게 바라보는지를 살펴보라. 이 카드와 당신이 탐색해 온 삶의 측면 사이에 어떤 연관 관계가 형성되었는지 느껴라. 처음 이 카드를 뽑았을 때부터 이미 시작된 내적인 변화를 살펴보라.

카드 안에 묘사된 역학 관계에 대한 당신의 통찰과 그 안에서 당신의 역할을 깊이 생각해 보라. 카드가 나에게 들려 주는 올바른 반응과 행동, 추후에 취해야 할 조치는 무엇인가? 혹시 카드에서 얻은 영감 또는 카드의 그림자(49쪽 참고)에 대한 경고가 다음과 같이 행동하라고 권고하는가?

• 현재의 길에서 버틸까?
• 방향을 바꿔 볼까?
• 다른 사람과 힘을 합쳐 볼까?
• 리더 역할을 맡을까?
• 필요한 것을 요청할까?
• 내 경계를 정의해 볼까?
• 화해할까?

- 위험을 감수할까?
- 힘을 아껴 둘까?
- 상황이 조금 더 분명해질 때까지 기다릴까?
- 나 자신 또는 다른 사람을 연민해 볼까?

어쩌면 두려움과 습관 때문에 '반드시' 어떤 행동을 해야 한다는 생각이 강하게 들 수도 있다. 과연 당신의 직관은 어떤 행동을 하라고 말하는가?

긍정적인 특성

모든 카드에는 긍정적인 특성이 있다. 그동안 카드의 그림자 또는 과도한 면과 씨름해 왔을 수도 있지만 이제는 카드의 긍정적인 특성에 주목해 보자. 설령 열 개의 칼에 찔려서 피 흘리는 시체가 그려진 검 10번 카드를 뽑았다 하더라도 그 카드의 은유적 의미인 '해독'과 '해소'에 주의를 기울일 수 있다. 만약 검 5번 카드처럼 '불화'를 뜻하는 카드가 나왔다면 상황을 타개하고자 상대방과 동화할 수 있는 어떤 행동을 할 것인지 생각해 보아라.

이 카드의 긍정적인 특성을 삶의 구체적인 상황과 인간관계에 어떻게 적용할 수 있을지 여러 가지 방법을 떠올려 보아라. 그중에서 한두 가지를 골라서 끝까지 시도해 보자. 만약 용기가 더 필요하다면 이런 목표를 이루는 데 도움이 될 만한 삶의 요소를 보여 주는 카드를 한 장 더 뽑아보아라. 그리고 원한다면 카드를 하나 더 뽑아서 당면한 문제에 주목하지 못하게 하거나 방해가 되는 것은 무엇인지를

알아보아도 좋다.

지침을 구하기

명상을 통해 당신이 카드 또는 스프레드에 그려진 장면으로 들어가는 상상을 해 보아라(74쪽의 카드 한 장에 대한 명상 참고). 그 안의 인물에게 행동과 관련된 지침을 구해라. 인물이 하는 말이나 그들이 주는 선물을 직관적으로 받아들여라. 당신이 받은 조언이나 선물을 기록해라.

(특히 궁정 카드일 때 이런 경우가 많은데) 만약 카드 속의 인물이 당신(의 어떤 측면)이 아니라 당신의 삶에 속한 다른 누군가를 대변한다면, 그동안 탐색한 특성을 고려할 때 어떻게 하면 그 사람과 가장 바람직한 방식으로 교류할 수 있을지를 직관에 물어보아라. 그리고 지금 이 상황이나 관계에 도움이 될 만한 특성을 보여 주는 카드를 한 장 더 뽑아 보아라.

PART 2

카드들

메이저 아르카나

이번 장에서는 메이저 아르카나 카드를 구체적으로 살펴보도록 하겠다. 1번 카드부터 21번 카드까지 바보의 여정으로 이루어져 있다. 바보는 우리 각자의 내면에 존재하는, 모험을 쫓는 사람을 가리킨다. 그는 여행하는 동안 원형이 되는 21가지 페르소나와 경험으로 대변되는 중요한 인생사를 체험하게 되는데, 그런 과정에서 지식을 얻고 성장하고 자유와 기쁨, 사랑에 대한 완벽한 보기를 발견한다.

각각의 메이저 아르카나 카드에 대한 설명에는 카드의 징방향 및 역방향 해석이 담겨 있고, 카드의 이미지에 담긴 상징에 관한 정보가 실려 있다. 또한 해당 카드와 관련이 있는 원소, 별자리/행성, 수비학적 의미도 적혀 있다.

나는 메이저 아르카나와 마이너 아르카나에 등장하는 인물을 묘사할 때 대부분 성중립적인 대명사인 '그들(they)'을 사용하기로 했다. 마이너 아르카나 카드에는 대부분 남자가 그려져 있지만 이론적으로는 어떤 성별에든 적용 가능하다. 내 생각에는 궁정 카드와 메이저 아르카나 카드에 나오는 남성 및 여성 인물의 성별이 지나치게 구분되어 있는 것 같다. 그동안 의뢰인에게 리딩을 해 주면서 깨닫게 된 사실인데, 궁정 카드와 메이저 아르카나 카드의 성별이 (남성, 여성 모두) 지나치게 뚜렷하게 구분되어 있기 때문에 (어떤 성별이든 상관없이 그 사람을 이루는 요소를 대변하는데도) 성별을 넘어 카드와 교감하고자 하는 사람들에게 방해가 되는 경향이 있다. 따라서 성중립적인 대명사를 사용함으로써 성별이나 그림 속 인물 묘사와 상관 없이 온전하게 카드 안으로 빠져들 수 있도록 했다.

카를 융에 의하면 남성의 무의식 속에도 여성성이 있고(아니마), 여성의 무의식 속에도 남성성이 있으므로(아니무스) 이런 호칭은 정당한 것으로 보인다.

THE FOOL.

별칭 어릿광대

키워드 믿음의 도약, 순수함, 모험

원소 공기

점성술 천왕성

수비학 숫자 0

바보는 우리의 모험심이자 세상을 둘러보고 경험을 얻고자 신나게 충동적으로 길을 나서는 우리 내면의 아이를 가리킨다. 메이저 아르카나의 길은 바보의 여정이라고 불리며 각각의 카드는 바보가 얻게 되는 교훈이나 그가 겪는 삶의 단계를 의미한다.

짐이라고는 작은 보따리 하나가 전부인 바보는 단출한 차림과 가벼운 발걸음으로 정처 없이 길을 떠난다. 바보는 한자리에 붙잡아 두기 어려운 사람이다. 알 수 없는 존재이자 한없이 장난스러운 존재다. 우리가 어떤 것을 안다고 생각하거나 뭔가를 이루어 냈다고 생각하는 바로 그 순간에 바보는 마치 어릿광대처럼 허세와 가식을 없애 버리고 확실한 대답을 피해 간다.

바보 카드가 나왔다는 것은 위험을 감수하고 믿음의 도약을 이루어 냄을 뜻한다. 이 카드에 그려진 개는 본능과 자기 보호를 상징하며 바보가 무시하는 사회적 관행을 의미한다. 개는 바보에게 벼랑에서 떨어지는 위험을 경고히려 하지만 바보는 이를 무시한다. 세상으로 나아가려면 위험을 감수해야만 하기 때문이다.

희망에 가득 찬 이상주의자인 바보는 벼랑 끝에서도 꿈결을 헤매고 최상의 가능성만을 믿는다. 그런 바보 덕분에 우리는 꿈을 좇기에 결코 늦은 때란 없다는 사실을 깨닫는다. 만약 바보 카드를 뽑았다면 자신의 놀이 감각과 낙천성을 마음껏 탐색해 보기를 바란다. 그리고 지나치게 무모한 행동을 저지르기 전에 멈춰라. 하지만 때로는 관습의 틀에 자신을 가두는 것이 가장 어리석고 바보 같은 행동이라는 점을 잊지 마라.

역방향

역방향일 경우 바보 카드는 지나치게 충동적이거나 반대로 충동성이 부족하다는 뜻을 동시에 지닌다. 모험을 하다가 선을 넘었다면 누군가가 다치기 전에 이제 자제해야 할 때. 반면에 한동안 춤추러 가지 않았거나 신나게 웃어본 기억이 언제였는지 가물가물하다면 뭔가 재미있는 일을 해 보아라.

상징

상징 믿음의 도약
개 본능, 자기 보호, 사회적 관행
흰 장미 순수함
산 극복해야 할 과제, 이루어야 할 업적
태양 의식과 자각, 빛, 에너지, 더 높은 존재의 도움

신비한 의미

수비학에서 0은 무한한 잠재력을 뜻하는 중요한 숫자다. 바보는 아직 뚜렷한 정체성이나 역할이 정해지지 않은 사람으로, 규범에 대한 집착과 오만함을 0으로 줄이는 역할을 한다.

바보를 나타내는 원소는 공기다. 바보는 마음이 홀가분하고 발걸음이 가벼운 이상주의자이며 때때로 엉뚱한 공상에 잠긴다. 모험심이 강해서 높은 산을 오르는 일에도 과감하게 도전한다.

점성술에서 바보는 개성과 독창성, 전통에 대한 파괴를 상징하는 행성인 천왕성과 관련이 있다. 바보와 마찬가지로 천왕성은 남성성과 여성성을 모두 지니고 있다.

지원 카드 및 반대 카드

바보 카드는 무한한 시작을 의미한다. 마이너 아르카나에서 에이스가 하나 또는 둘 이상 나오면 새로운 시작이라는 의미가 더욱 강화된다.

관습을 상징하는 신비사제와 불경(不敬)의 전형을 보여주는 바보는 언제나 서로 충돌한다. 리딩에 두 장의 카드가 모두 나오면 삶에서 이 두 가지 세력 사이에 갈등이 존재한다는 뜻이다.

THE MAGICIAN.

별칭 마술사

키워드 창의성, 실현, 역량

원소 제5원소

점성술 수성

수비학 숫자 1

마법사는 어떤 일이 이루어지게 하는 사람이며 계획을 실현하는 방법을 항상 찾아낸다. 그들은 자신이 실현하고자 하는 바를 상상하는 능력이 있고, 실현을 확신한다. 그 덕분에 한번에 모든 것을 다 파악할 수 있고 남들이 간과하거나 추구할 자격이 없다고 여기는 기회와 자원을 발견한다.

마법사는 낙관주의자이며 자신의 비전을 실현하기 위해서라면 파격적인 길을 택할 의향이 있다. 그들에게는 아이디어를 행동으로 실행하는 것이 더 중요하며, 그 과정에서 다른 사람이 자기를 어떻게 생각할지는 그다지 개의치 않는다. 마법사 카드를 뽑았다면 당신은 창의적이고 유연하며 적응력이 뛰어난 사람이다. 자신의 계획과 목표를 실현할 수 있는 집중력과 강한 의지를 갖고 있다.

역방향

카드가 역방향일 때는 마법사의 힘이 잠재되어 있는 상태이거나 진실하지 않은 방법으로 사용된다는 뜻이다. 당신을 이용하려고 유혹하는 사람을 조심하라. 진실성을 지닌 프로젝트만을 완수해야 하며 목표 달성을 위한 수단 역시 프로젝트의 진실성에 부응해야 한다. 만약 가로막혀 있고 무력한 기분이 든다면 당신이 실현하고 싶은 비전에 집중하라. 평범한 길만 생각하기 때문에 가로막힌 듯한 기분이 들수도 있다. 당신이 선택할 수 있는 또 다른 길이나 자원은 무엇일까? 다른 누군가가 길을 알려 주지 않아서 가로막혀 있다는 기분에 빠져 있기보다는 목표를 이루고자 스스로 힘차게 나아간다면 때로는 잠시 혼란하다 하더라도 의미가 있을 것이다.

상징

램니스케이트(옆으로 누운 8자 모양) 무한대

수직으로 든 봉 물질과 의식, 신성의 상호 연결; "하늘에서와 같이, 땅에서도"

펜타클, 검, 컵, 지팡이 4대 원소, 마이너 아르카나 슈트 4종, 마법사가 활용 가능한 자원의 범위 및 영향권

노란색 의식과 실현

우로보로스(자기 꼬리를 입에 문 뱀) 완전함

장미 열정, 아름다움, 창의성

백합 순수함, 진실성

신비한 의미

숫자 1의 수비학적 의미는 일치와 힘이다. 마법사가 어떤 것을 드러내고 만들어 내는 놀라운 힘을 지닌 이유는 그들이 우주와 자기 자신이 별개의 존재라고 생각하지 않기 때문이다. 그들은 사용 가능한 모든 자원과 영감을 활용해 계획을 행동으로 실행한다.

마법사를 나타내는 원소는 에테르(제5원소)다. 연금술에서 이는 4대 천연 원소에 생명을 불어넣어 주는 신성한 영혼을 가리킨다.

점성학적으로 마법사는 수성과 관련이 있다. 수성은 마법사처럼 일상 속의 복잡한 계획이나 교통, 기술, 커뮤니케이션이 잘 이루어지도록 지원하는 행

— 질문 —

커리어를 바꾸어 보려고 한다.
이 과정에서 어떤 점을 유념해야 할까?

마법사 카드를 뽑았다는 것은 진정으로 새롭게 시작한다는 뜻이다. 새롭고 긍정적인 커리어와 관련된 기회가 다가오고 있다. 자신감을 가지고 기회를 택하라. 어느 누구도, 스스로도 당신의 비전에 한계를 두게 내버려 두지 마라. 마법사는 새로운 커리어와 사회에 기여하려는 당신의 비전에 자신감을 가지라고 말한다. 일, 인턴십, 교육과 관련된 선택지를 잘 따져보고 저울질해 보아라. 이때 어떤 길이 가장 명망 있고 인기 있는지가 아니라 비전을 실현하는 데 가장 도움이 되는지를 고려해야 한다. 당신에게는 독창적인 길이 제일 잘 어울릴지도 모른다.

성이다.

지원 카드 및 반대 카드

전차 카드는 마법사처럼 집중력과 분명한 목적을 나타낸다. 에이스는 마법사 카드가 지니는 기회와 시작이라는 의미를 더욱 강화한다.

마법사의 반대 카드인 악마 카드는 우리의 비전을 저해하고 우리의 가능성을 좁힌다. 검 2번처럼 장애물이나 중단을 뜻하는 카드는 마법사의 에너지를 억제하는데, 악마 카드만큼 심하지는 않다.

THE HIGH PRIESTESS.

별칭 여교황

키워드 내면의 지식, 직관, 이원성

원소 물

점성술 달

수비학 숫자 2

여사제는 눈에 보이는 세계와 눈에 보이지 않는 감정과 영성의 세계를 나누는 베일 앞에 앉아 있다. 그들은 베일 너머의 지식을 지키는 문지기 역할을 한다. 일상에서 벗어나 깊이 있는 영적 경험을 하게 될 사람을 조용히, 직관적으로 감지한다. 여사제 카드가 나왔다는 것은 당신 또는 삶에서 중요하게 여기는 사람이 상당히 직관적이며 심지어 영적 능력이 있다는 뜻이다. 여사제는 눈을 뜨고 제대로 볼 의향이 있는 사람에게 삶 너머에 존재하는 심오한 지혜를 가져다 주는 영적 스승이다. 가까운 곳에 신비가 존재하고 숨겨진 것이 있다. 이 문제를 해결하려면 당신의 내면을 들여다보아야 한다. 그런 다음 마치 그리스 신화의 페르세포네가 산 자의 땅으로 돌아오듯 내면의 삶과 외면의 삶을 서로 연결하는 다리를 만들어야 한다. 그래야만 더욱 진지하게 진실 속에서 살아갈 수 있다. 여사제의 또 다른 이름인 여교황은 가톨릭 교회에 실제 존재하는 직위를 가리키지는 않으며, 시배적이거나 가부장적인 종교 체계를 따르지 않는 종교적인 인물을 암시한다. 이 카드는 사적이고 개인적이며 때로는 비밀스럽거나 숨겨져 있는 것을 파악하는 영적인 방법을 중시한다.

역방향

역방향일 때 여사제는 비밀 또는 비밀 엄수를 뜻한다. 당신에게 누군가를 속이려는 비밀이 있을 수도 있고 다른 누군가가 당신에게 어떤 것을 숨기고 있을지도 모른다. 당신이 자신의 영성을 무시하거나 거부하고 있을 수도 있다. 당신의 직관과 예감은 잠재돼 있지만 이를 무시하고 있다 직관과 예감이 전면이 드러날 수 있도록 내버려 두어라.

상징

초승달, 물이 흐르는 형상의 옷 직관

왕관 달의 기울어짐과 보름달; 젊은 여성, 어머니, 노파; 지혜와 마법의 여신이자 영혼을 되살리는 이시스(Isis)

기둥 솔로몬의 신전; B와 J는 기둥의 이름인 보아스(Boaz)와 야긴(Jachin)을 가리킨다. 합치면 "그분께 힘이 있고 그분께서 일으키신다"는 뜻이다.

파란색 명징한 의식

토라 토라(유대교 율법, 모세 5경을 가리킴―옮긴이)

석류씨 지상에서 절반을, 지하에서 절반을 살았던 페르세포네

신비한 의미

수비학에서 숫자 2는 이중성과 균형이라는 의미다. 여사제는 자기 내면의 삶과 외면의 삶 사이에 균형을 지킨다. 2는 파트너십을 뜻하지만 여사제 카드는 우리와 우리 자신과의 관계, 그리고 우리와 신성한 존재와의 관계를 강조한다. 여사제는 사생활과 고독을 중시한다. 또한 2는 선택을 의미한다. 여사제는 결정을 내릴 때 자신의 직감을 믿어야 한다고 말한다.

　여사제는 달과 관련이 있고 원소 중에서는 물과 관계 있다. 달은 잠재의식과 직관, 감정으로 우리를

이끌어 준다. 내면의 동요와 질문, 변화에 우리를 맞추어 준다. 마치 물처럼 직관은 어디로든 흘러갈 수 있다. 자기한테 필요한 형태를 취하고 변화 속에서 쉽게 달라지며 적응한다. 여사제의 이런 면에서 우리는 내면을 통해 알아낸 것을 믿어야 한다는 사실을 새삼 깨닫는다. 그 내면에서 알아낸 것이 생각보다 앞서거나 이성과는 다르다고 하더라도 말이다.

지원 카드 및 반대 카드

검 2번은 여사제의 내적 집중과 직관, 인내심을 지원한다. 달 카드 역시 직관을 나타내는데, 달은 본능에 초점을 두는 반면 여사제는 차분한 내면의 지식을 강조한다.

　검의 기사처럼 완전히 외적인 행동과 이성적인 사고를 나타내는 카드는 여사제에 대한 반대 카드다.

별칭 어머니

키워드 아름다움, 모성, 창의성

원소 흙

점성술 금성

수비학 숫자 3

여황제는 창의적인 상태를 상징한다. 어머니인 그들은 한없이 창의적이고 사랑이 충만하며 창조적 관능이 있다. 영감은 끝이 없다. 여황제는 삶의 여러 영역에서 평범함의 경계를 뛰어넘는다. 어머니로서 아이를 임신하거나 아이디어를 가득 담고 있으며 사랑으로 새로운 것을 창조한다. 아이들을 양육하고 인간관계와 아이디어, 프로젝트를 키워 내며 모든 사람이 삶에서 성장할 수 있도록 돕는다. 만약 당신이 이 카드를 뽑았다면 세상을 이해하고 자기 자신과 교감할 수 있게 해 주는 감정을 소중히 여긴다는 뜻이다. 당신은 자신의 몸과 교감하며 감각적이고 심미적인 즐거움을 탐닉한다. 여황제의 심미적 감각은 금성의 상징으로 장식한 편안한 왕좌에서 드러난다.

여황제가 과장되거나 균형을 잃으면 다른 사람을 챙겨 주면서 정작 자기 자신은 소홀히 한다. 아이를 과보호하거나 오냐오냐 하면서 응석을 다 받아 주고, 어머니로서의 역할을 이용해 자기 성체성을 정의하거나 다른 사람들을 조종한다.

역방향

역방향일 때 여황제 카드는 모성과 관련된 어려움을 의미한다. 예를 들어 불임이거나, 모성을 강요받거나, 모성에 대한 엄격한 기준과 양육에 대한 기대 탓에 답답해하거나, 어머니 또는 어머니에 해당하는 존재와의 관계에서 어려움을 겪을 수도 있다. 또한 역방향일 때 여황제는 몸과 감각적 쾌락과의 관계가 부정적이라는 뜻을 암시한다. 여황제 카드가 역방향으로 나왔다는 것은 풍요롭지 않다는 기분이 들고 아름다움, 즐거움, 예술, 자기 내면에 존재하는 아이와의 관계를 무정하는 데서 비롯된 창의력 고갈로 괴로워한다는 의미이기도 하다. 시간을 할애해서 이 문제를 해결할 필요가 있다.

상징

별 장식 왕관 창의성, 모성, 일치
월계관 성공, 권력
예복에 그려진 석류씨 다산, 부활; 지상에서 절반을, 지하에서 절반을 살았던 페르세포네
금성의 상징 여성성, 아름다움, 사랑
밀 다산과 풍요
셉터 통치권
폭포 유동성
숲 무의식
공 모양의 셉터 통치권, 세속적 영역, 파트너와 함께 창조할 수 있는 능력

신비한 의미

수비학에서 3은 통합과 창의성을 상징한다. 예를 들어 부모가 아이를 갖거나, 둘을 비교함으로써 은유라는 세 번째 요소가 만들어지는 것처럼 두 가지가 합쳐져서 세 번째가 만들어지는 것을 의미한다. 여황제는 관계를 이루는 세 부분 사이의 역동적 균형을 중시한다. 원소 중에서 흙이 이런 원형을 상징한다. 어머니인 여황제는 우리에게 안정감을 준다. 우

> ─────── **질문** ───────
>
> *최근에 동네에서 커뮤니티 모임을 만들었다.*
> *어떻게 하면 이 모임을 잘 꾸려 나갈 수 있을까?*
>
> 질문에 대한 답으로 여황제 카드가 나왔다는 것은 당신에게 사람과 교감하도록 장려하고 리더십을 발휘하며 모임의 비전과 성장을 독려하는 재능이 있다는 뜻이다. 또한 아름다움과 창의성, 풍요로움과 기쁨을 느끼는 자연스러운 감각을 이 모임에 적용할 수 있다는 의미다. 이런 특성은 당신이 속한 커뮤니티에 꼭 필요하고 중요하다. 지금처럼 리더 역할을 훌륭하게 해낸다면 이 모임을 잘 이끌어 나갈 수 있다.

리를 지지해 주며 뿌리를 알 수 있게 도와준다. 여황제는 아름다움과 사랑을 상징하는 행성인 금성과 관련이 있다. 여황제는 발견하고 창조하며 아름다움과 관계로써 안정감을 제공한다.

지원 카드 및 반대 카드

펜타클 10번처럼 풍요로움을 나타내는 카드는 여황제의 한없는 창조성과 다산성, 풍요로움을 더욱 강조한다. 너그럽고 다른 사람을 보살펴 주는 여황제는 인색하고 걱정이 많은 펜타클 4번과 갈등 관계에 있다. 그러나 황제처럼 성숙한 규율과 안정을 상징하는 카드는 풍요로운 여황제를 보완해 주는 역할을 한다.

THE EMPEROR.

별칭 할아버지

키워드 믿음직함, 부성, 책임감

원소 불

점성술 양자리

수비학 숫자 4

황제는 자신이 가장 신뢰하는 가족 구성원, 친구, 또는 공동체의 리더를 가리킨다. 항상 믿을 수 있고 책임감 있게 일을 처리하며 자신이 한 말은 반드시 지키는 사람이다. 황제와 대비되는 여황제는 창의적인 아이디어가 넘치고 가능성을 키워 나가는 반면, 황제는 실행 가능하고 효과적인 아이디어를 찾아 내고 이를 행동으로 옮긴다. 황제는 계획을 세우고 위임하며 체계를 만들고 프로젝트를 실행한다. 여황제가 우리에게 영원을 경험하게 하고 사랑과 아름다움을 가꿀 수 있도록 돕는다면, 황제는 엄격한 일정에 따라 업무를 수행하고 가능한 결과에 이룰 수 있도록 돕는다.

이 카드에서 가느다란 강이 흐르는 메마른 계곡은 오로지 질서와 구조를 지나치게 강조하다 보면 마음이 메마른다는 것을 의미한다. 최악의 경우에 황제는 파괴적이고 권력에 굶주린, 독재적인 리더가 될 수도 있다.

하지만 우리에게 완수해야 할 중요한 프로젝트가 있고 공공의 이익을 위해 노력해야 할 때 황제는 우리에게 필요한 규율과 자원을 제공하며 훌륭한 일을 이뤄 내고 많은 사람을 지원하게 도와준다.

만약 황제 카드를 뽑았다면 당신이 권위 또는 책임을 요구받는 위치에 있다는 뜻이다. 자기 규율과 이성으로 많은 사람에게 영향을 미치는 야심 찬 목표를 이뤄 내고 있다. 중요하고 긴급한 최종 의사결정은 모두 당신의 몫이다. 황제 카드가 나왔다는 것은 당신이 권위와 체계, 권력과 관련된 질문들과 씨름하고 있다는 뜻이기도 하다.

역방향

역방향 황제 카드는 정방향일 때의 특성이 당신 또는 당신이 처한 상황에 잠재돼 있다는 의미다. 이제는 일정, 자원, 생산성 등에 관해 더욱 적극적으로 단호하고 꼼꼼한 태도를 보여야 할 때다. 또한 황제 카드가 역방향으로 나왔다는 것은 쿠데타, 혁명, 또는 리더십의 전복을 뜻하는 것일 수도 있다. 이는 기념할 만한 일일 수도 있지만 사보타주로 여겨지거나 삶을 저해하는 요인일 수도 있다.

상징

앙크 십자가 권위, 생명
갑옷과 진홍색 가운 전사 왕
보주 세계, 지배권, 영토
숫양 양자리, 에너지가 넘침, 경쟁심
메마른 계곡 가혹한 상황, 혹독한 지배

신비한 의미

숫자 4의 수비학적 의미는 물질적 성공, 구조, 질서다. 황제의 왕좌 위에 그려진 숫양의 머리를 보면 알 수 있듯이 이 원형은 활동적이고 이성적이며 야심 찬 행동가인 양자리와 관련 있다.

원소 중 불과 연관이 있는 황제는 카리스마와 에너지를 갖추고 있다. 적극적이고 외부 세계를 향하는 에너지는 원대한 야망을 촉진하고 커다란 프로젝트

— 질문 —

리더십과 관련해서 어떤 점에 유념해야 할까?

당신이 맡고 있는 일, 권위, 또는 리더십 스킬에 관한 질문을 던졌는데 황제 카드가 나왔다면 구조를 짜거나 책임이 더욱 필요한 분야를 살펴보는 것이 좋다. 당신이 어떤 구조를 짤 수 있고 짜야 하는지를 잘 파악해야 한다. 그리고 어떤 분야나 방법, 상황에서 당신의 자녀, 학생, 직원 또는 팀원이 발견과 탐색, 휴식, 놀이, 창의성, 정서적 건강, 대인관계에서의 성장, 조건 없는 사랑을 경험할 수 있도록 여지를 주어야 하는지 잘 구분할 필요가 있다. 아울러 당신이 권위와 어떤 관계를 맺고 있는지 돌이켜보라. 어쩌면 당신과 아버지 또는 부모와 같은 역할의 남성적인 인물과의 관계까지 거슬러 올라가야 할지도 모른다.

와 생산을 유지할 수도 있지만 때로는 불의 에너지가 파괴를 불러일으키기도 한다.

지원 카드 및 반대 카드

정의 카드는 이성과 논리를 중시하는 황제 카드를 강화한다. 신비사제는 황제와 마찬가지로 구조를 중시한다.

여황제가 반대 카드처럼 보이기는 하지만 창의성과 새로운 생명력이 황제의 안정과 규율을 보완해 줄 수도 있다. 여황제와 황제가 함께 등장하는 경우에는 영향력 있는 커플을 뜻하기도 한다.

91

THE HIEROPHANT.

별칭 교황, 선생, 토성

키워드 교육, 지식, 종교, 순응

원소 흙

점성술 황소자리

수비학 숫자 5

신비사제는 신성한 미스터리를 해석하고 보호하며 가르친다. 발 근처에 놓인 열쇠는 그들이 지혜와 영적 진실, 또는 천국을 드러내는 열쇠를 지니고 있다는 의미다. 이 열쇠는 전통과 영성, 지식과 관련된 관습 또는 지식을 보존하고 발전시키고 공유하고자 설립된 조직이나 공동체 안에 성문화돼 있는 것이다.

라이더—웨이트—스미스 덱에서 신비사제는 교황으로 묘사돼 있지만 관대하고 연민이 넘치는 다른 영적/지적 지도자를 뜻할 수도 있다. 고대 그리스에서는 사람들이 신성함을 접할 수 있도록 도와주는 사람은 누구나 신비사제라고 불렀다(국내에서는 교황으로 주로 불린다—감수자). 만약 당신이 신비사제 카드를 뽑았다면 당신은 다른 사람에게 도덕적 나침반 역할을 하는 존재다. 당신은 지성과 전통, 지식을 활용해 천상과 지상을 연결하며, 당신 삶 속의 모든 사람이 신성과 땅의 일치, 영혼과 육체의 일치를 깨닫게 해 준다.

영적인 세계와 물질적인 세계를 연결하는 다리 역할을 하는 신비사제는 복을 내리며 혼인 성사, 병자 성사 등 성례를 주관한다. 또한 신과 제자 및 추종자 사이의 의사소통을 담당한다.

역방향

역방향일 때 신비사제는 비판, 리더십 부족, 나쁜 충고를 뜻하며 독선적인 권위가 있는 인물 때문에 잘못된 방향으로 호도되는 상황을 가리키기도 한다.

역방향 신비사제는 다른 한편으로 자유로운 영혼을 지닌 예지자를 의미하며, 당신이 자기만의 길을 만들도록 해 준다.

상징

빨간 예복 흙, 물질적 세계에서의 에너지 및 행동
황금 셉터 천국, 세 개의 십자가(삼위일체)
3중관 삼위일체
손 동작 축복
빨간 장미 사랑
흰 백합 순수함
기둥 법과 자유

신비한 의미

수비학에서 숫자 5는 치유를 상징하며 영혼과 인간의 연결을 뜻한다. 신비사제는 그리스 신화에서 상처 입은 치유자로 불리는 켄타우로스인 케이론과 관련이 있다.

흙의 별자리인 황소자리와 연관이 있는 신비사제는 우리에게 영적인 기반을 제공한다. 황소자리가 조화를 도모하지만 자기만의 방법을 고집하기도 하는 것처럼, 신비사제는 전통에 순응하는 것이 조화로 향하는 길이라고 주장한다.

지원 카드 및 반대 카드

황제 카드와 신비사제 카드가 둘 다 리딩에 등장하면 구조가 중요한 문제나 주제라는 뜻이다. 지팡이

질문

현재 삶의 기로에 서 있는데 향후에
행동을 취할 때 어떤 부분을 유념해야 할까?

이런 질문을 던졌을 때 신비사제 카드가 나온다면 이는 학문적, 종교적 전문 멘토를 찾아가기니 가르침과 배움의 장에 가서 성장과 발전, 해답을 추구한다는 뜻이다.

단지 추측이나 직관에만 의존하기보다 사실을 파악하고 스킬을 익히며 전통에 관한 지식을 쌓아야 할 때다. 당신이 순응하는 성향이 있는지 파악하고 영적인 전통이나 학문적 제도를 통한 멘토십을 추구하고 제공해라. 지금은 일반적이고 관례적인 길을 따르는 것이 당신이 원하는 곳에 도달할 수 있게 해 준다.

4번과 함께 등장하는 경우에 신비사제는 결혼 또는 영적/교육적 훈련 기간의 완성을 의미한다.

매달린 사람과 바보처럼 자유로운 영혼은 신비사제의 관습과 갈등을 일으키기도 한다.

THE LOVERS.

별칭 사랑, 결혼

키워드 연결, 실현, 사랑, 선택

원소 공기

점성술 쌍둥이 자리

수비학 숫자 6

연인은 관계가 변화하는 시기와 사랑을 가리킨다. 에로스나 낭만적 사랑에 국한된 것이 아니라 연인 카드는 생각과 영성, 인간적인 사랑을 통해 더욱 큰 의식과 하나로 합쳐지는 경험을 모두 아우른다.

이렇게 고차원적인 의미와 깊이가 있는 사랑에 가닿으려면 어디에 전념하고 몰두할지 선택해야 한다. 그렇지 않으면 피상적인 면에 갇히고 선택지 사이에서 마음이 분산되며 우유부단한 기분이 들고 성취감을 느끼지 못하게 될 것이다.

연인 카드를 뽑은 당신은 이미 헌신을 약속했거나 앞으로 약속할 예정이며 더욱 깊이 있는 경험을 하게 될 것이다. 당신이 헌신을 약속하고 욕망을 느끼는 대상은 사람이나 일, 또는 공동체 안에서의 역할일 수도 있고 예술 또는 사상과 관련된 프로젝트일 수도 있다. 어떤 대상에게 헌신을 약속하든 간에 당신은 어우러지는 과정을 통해 고차원적 의식에 가닿고 모든 존재와 영적인 교감을 나눌 수 있게 될 것이다.

역방향

역방향일 때 연인 카드에는 파트너십 또는 창의적, 윤리적, 지적인 열정이 존중받지 못한다는 뜻이 있다. 당신 또는 당신의 파트너는 다른 것의 영향을 받고 유혹에 빠지게 된다. 연인 카드가 정방향일 때는 사랑의 깊이를 존중하는 의사결정의 중요성을 나타내지만, 역방향일 때는 불확실성, 혼란, 무례함과 배신을 의미한다. 단지 겉모습뿐 아니라 행동과 의

도에서 모두 사랑의 정신을 존중해야 한다는 것을 잊지 마라. 이제는 심호흡을 하고 과거의 상황이나 유혹에서 벗어나 성장해야 할 때다.

상징

아담과 이브 태초의 파트너십
대천사 라파엘 고차원적 의식, 치유, 사랑
산 사랑으로 실현 가능한 소망
태양 기쁨

신비한 의미

수비학에서 숫자 6은 조화, 통합, 수동성을 나타낸다. 연인 카드는 다른 사람이나 대의, 아이디어, 신념과의 친밀한 조화 및 통합을 가리킨다. 우리는 이런 경험을 통해 겸손해지며, 열린 마음으로 사랑의 선물을 받아들이려고 노력한다는 점에서 '수동적'인 상태가 된다.

연인 카드는 원소 중에서 공기와 연관이 있다. (사람, 대의, 프로젝트를 비롯해 그 대상이 무엇이든 간에) 사랑은 우리를 고차원적인 집단 의식에 동참할 수 있게 해 준다. 우리를 높이 올려 주고 초월적이라는 점에서 공기와 관련이 있다고 할 수 있다.

점성술에서 연인 카드는 각자로 구성돼 있지만 이중성을 포함하는 쌍둥이자리와 연관되어 있다. 쌍둥이자리는 일치에도 다양한 측면이 있다는 점을 보여주며 서로 다른 부분을 합치는 과정에서 일치감과 사랑을 얻을 수 있다는 것을 알려준다.

질문

연차를 하루 내야 할 것 같은 기운이 든다. 그러면 어떤 결과로 이어질까?

현재 고려 중인 선택지를 택할 경우의 결과를 질문했을 때 연인 카드가 나온다면 그런 선택지를 택했을 때 교감과 영감, 사랑을 느낄 수 있다는 것이다. 또한 이 선택지가 앞으로 더 많은 선택지를 제공하고 유혹이 더욱 많아질 것이라는 암시이기도 하다. 이런 경우에 연차를 내고 하루 쉰다면 충만한 하루를 보낼 수 있을 것이다. 당신에게 다가오는 유혹은 그저 지켜보아라!

아울러 쌍둥이자리는 종종 선택과 결정이 문제가 되는데, 두 사람 모두를 위한 의사결정을 해야만 한다. 다른 사람과의 관계 및 파트너십 측면에서 우리는 모두에게 가장 이로운 결정을 해야 한다는 것을 명심할 필요가 있다.

지원 카드 및 반대 카드

연인 카드와 함께 등장할 때 신비사제 카드는 결혼과 헌신을 지지하는 메시지를 전달한다. 컵 2번 카드는 연인 카드의 교감과 사랑, 상호 충족을 지원한다.

은둔자 카드의 '고독'은 연인 카드가 뜻하는 유대 관계를 통해 완화될 수 있다.

별칭 승리, 개선 마차

키워드 모멘텀, 돌파구, 여행

원소 물

점성술 게자리

수비학 숫자 7

여러 가지를 함께 당겨 와서 힘을 합치는 것이 전차 카드의 주요 테마다. 이 카드에는 앞에서 나온 메이저 아르카나 카드의 다양한 상징이 담겨 있다. 전차에 달려 있는 날개는 연인의 열정과 고차원적 목적을 가리키며, 전차를 모는 사람의 지팡이는 어떤 일을 실현하는 마법사의 힘을 떠올리게 한다. 별이 달려 있는 왕관과 캐노피는 여황제의 창의성을 환기시키며, 돌로 만든 전차는 예리하고 단호한 황제의 왕좌를 연상시키며, 초승달 모양의 어깨 장식은 여사제와 그녀의 직관을 나타낸다.

만약 당신이 전차 카드를 뽑았다면 이는 삶을 이루는 모든 요소를 잘 배열해 순조롭게 굴러가게 하고 싶다는 뜻이며, 삶에서 서로 충돌하는 부분이 균형을 이루게 만들어서 모멘텀을 얻고자 노력한다는 의미다. 최근에 극한 상황을 경험했을 수도 있지만 이제 모든 것이 하나로 모이고 있다. 이 카드에 그려져 있는 흑백의 스핑크스는 서로 반대되는 부분을 가리키며 이런 면을 극복하는 과정에서 팀워크를 이뤄 낼 수 있는 것을 보여 준다. 고조된 흥분이 하루를 보내는 원동력 역할을 한다.

역방향

역방향일 때는 전차의 재빠르고 방향이 분명한 모멘텀이 저해되거나 통제 불능 상태에 이른다는 것이다. 중독, 방종, 이기주의가 영성을 대신하고 길에는 실망스러운 일들이 가득하다. 정방향일 때 전차의 특성은 지금 안 보이지만 잠재력은 존재한다. 건강하고 창의적인 길로 돌아올 수 있도록 도움을 구하고, 삶을 통솔하고 이끌 수 있게 자신에게 확신을 줄 필요가 있다.

상징

흑백의 스핑크스 '반대 요소'의 화해, 밀고 당기기, 균형 / 스핑크스의 위치는 신비사제의 대칭을 반영하며 의미 있는 구조를 암시한다

지팡이 마법사, 실현

초승달 여사제, 직관

별 여황제, 창의성, 아름다움, 우주공간

왕좌를 연상게 하는 돌로 만든 전차 황제, 분석적 사고 및 리더십

날개 연인, 사랑, 윤리적 선택, 고차원적 의식

월계관 승리, 권력

신비한 의미

숫자 7의 수비학적 의미는 영성과 시험이다. 전차의 모멘텀은 직관적인 동시에 사전에 형성된 것이다. 당신은 영적인 목적으로 충만하며 동시에 길을 가는 도중 갑작스럽게 마주치는 시험과 도전을 영리하게 헤쳐 나간다. 영적인 모멘텀은 어쩌면 그동안 버텨냈던 시험들로부터 비롯된 것일지도 모른다.

전차의 원소는 물이다. 전차는 흐름이 가장 중요하다. 때로는 댐이 무너져 열리는 듯한 기분이 들 수도 있다. 그동안 억눌려온 에너지가 마침내 해방돼 더욱 신나고 창의적인 모험에 쓰이게 된 것이다.

전차 카드가 나왔다면 당신의 삶은 급류가 몰아치는 강이라 할 수 있다.

점성학적으로 전차는 게자리와 연관이 있다. 게자리의 상징인 게와 마찬가지로 게자리 사람들은 내면이 예민하며 딱딱한 껍질로 자신을 보호한다. 전차를 모는 사람의 껍데기는 그들의 지성인 반면에 그들 내면의 경험은 감정과 직관, 영성과 연결돼 있는 경우가 많다.

지원 카드 및 반대 카드

검 에이스와 세계를 비롯한 성공 카드는 전차의 승리를 강조한다.

검 2번, 컵 4번, 매달린 사람처럼 중단을 의미하는 카드는 전차의 반대 카드다.

별칭 욕망, 불굴의 의지

키워드 연민, 인내, 권력

원소 불

점성술 사자자리

수비학 숫자 8

힘 카드에는 연민 어린 손길로 사자를 길들이는 여자가 그려져 있다. 부드럽고 다정한 태도로 대해 주니 사자는 자신이 안전하며 사랑받고 있다고 이해한다. 사자의 적개심이 누그러지고 여자가 사자의 입 근처에 손을 올려놓아도 사자는 물지 않는다. 힘 카드는 '친절'과 '사랑'으로 존경과 힘을 얻고 훌륭한 일을 해내는 상황을 가리킨다.

힘 카드는 강력한 비전을 상징한다. 그래서 다른 사람이 그 목적을 쉽게 이해하고 기꺼이 동참하고자 한다. 여자는 조화의 비전을 지니고 있으며 그 안으로 사자를 이끈다.

만약 당신이 힘 카드를 뽑았다면 당신의 비전은 비즈니스나 가족, 공동체의 이니셔티브 또는 창의적인 프로젝트일 수 있다. 이 카드는 비전이 실현 가능하며 그럴 만한 가치가 있는 일이라는 확신을 준다. 수많은 사람의 삶에 엄청난 영향을 미칠 것이다

여자의 머리 위에 떠 있는, 옆으로 누운 8자 모양인 렘니스케이트는 영원을 상징한다. 끝없이 이어진 형상은 비전을 계속 추구하는 과정에 필요한 참을성을 가리킨다. 협의를 통해 다른 사람의 동참을 이끌어 내고 새로운 현실을 만들어 내는 데는 인내심이 필요하기 때문이다.

힘 카드는 정서적·정신적 힘뿐 아니라 육체적·물리적 힘과 활력을 상징한다. 하지만 여자의 다정한 태도가 성난 사자를 잠재우듯이, 힘 카드는 욕구와 충동을 단련하고 다른 곳에 사용함을 가리킨다. 사자가 먹고 살아가려면 다른 동물을 죽여야 하는 것

처럼, 우리도 동물적인 충동과 니즈를 완전히 없앨 수는 없다. 음식, 성, 권력에 대한 욕구는 사라지지 않을 것이다. 그러나 힘 카드는 우리가 공공의 이익을 위해 자신의 활력을 사용할 수 있다는 것을 보여 준다.

역방향

역방향일 때 힘 카드는 갈등에 대처할 때 지나치게 강압적이거나 너무 소극적인 태도를 보인다는 것을 의미한다. 폭력적인 상황을 더욱 악화시키거나 누군가가 당신에게 폭력을 행사하도록 내버려 두지 말고, 힘 카드가 정방향일 때의 특성인 연민과 온화한 자신감을 활용할 수 있도록 노력해라.

상징

사자 권력, 용기, 위험, 리더십
렘니스케이트 무한함
빨간 장미 열정, 사랑
산 열망
노란 배경 의식, 활력, 실현

신비한 의미

수비학에서 숫자 8은 항해, 번영, 권위를 상징한다. 힘 카드는 성공과 권력을 나타내며 이해심 있는 태도로 사회적 (및 내부의) 역학 관계를 헤쳐 나간다는 뜻이다. 이 카드와 관련이 있는 원소는 불이며 힘 카드의 열정과 참을성, 자신감을 가리킨다.

질문

현재 참여 중인 프로젝트의 팀 리더가 내 아이디어를 열린 마음으로 받아들여 주지 않는다. 어떻게 하면 설득할 수 있을까?

일반적으로 힘 카드는 비전의 힘을 강조한다. 위와 같은 질문에 대한 답으로 이 카드가 나온다면 당신이 원하는 결과가 무엇인지 깊이 생각해 보기 바란다. 자신의 비전을 명확하게 정리할 시간을 가져라. 당신이 기대하는 결과가 이 프로젝트에 관련된 모든 사람에게 도움이 될 것이라는 자신감을 가져라. 팀 리더를 만나 당면과제를 논의해라. 힘 카드에 등장하는 인물이 부드럽게 사자를 인정해 주듯이 일단 서로의 공통점을 찾고 거기서부터 협상을 시작해라. 자신의 비전에 충실해라.

점성학적으로 힘은 사자자리와 연관이 있다. 사자자리의 사람은 확고한 신념이 있으며 그들의 사랑은 정열적이고 충실하며 방어적이다.

지원 카드 및 반대 카드

절제 카드는 힘의 균형을 강화한다. 지팡이 10번 카드와 함께 등장하는 경우, 힘 카드는 상당한 육체적 힘과 정서적 힘이 있어야만 이뤄 낼 수 있는 커다란 비전이나 과제를 강조한다.

달 카드처럼 잠재의식에 있는 충동이 의식을 넘어서는 것을 의미하는 카드나 악마 카드처럼 육체적 충동이 규범을 뒤집는 것을 의미하는 카드는 힘의 균형과 규범에 대치한다.

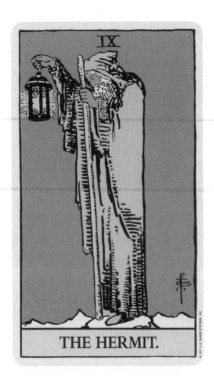

별칭 원로, 시간

키워드 지혜, 탐색자, 내면의 소리

원소 흙

점성술 처녀자리

수비학 숫자 9

은둔자는 지혜와 신중함을 상징하는 원로다. 나이가 든 그들은 소란스러운 세상에서 한 발짝 거리를 둔다. 은둔자가 들고 있는 등불은 그들이 존중하고 탐구하는 내면의 목소리를 가리킨다. 은둔자 카드를 뽑았다면 실제 나이와 상관없이 당신은 지혜로운 영혼의 소유자이며 내면의 치유와 지혜, 진실을 탐색하는 사람이다.

지금 당신은 내면의 목소리나 영적 진실을 찾는 순례길 위에 있다. 당신은 어떤 질문을 던지고 있었나? 답을 찾아 헤매는 과정에서 누구 또는 무엇을 찾고 있는가? 당신의 순례는 종교적이거나 영적인 순례일 수도 있고, 때로는 더욱 의미 있게 일상생활을 영위하는 방법을 찾는 것일 수도 있다. 예를 들어 매일 산책이나 명상을 하며 자신의 생각을 듣고자 노력할 수 있다.

은둔자는 당신이 시간을 어떻게 쓰는가에 주목한다. 지금 당신의 삶에서 가장 의미 있는 활동은 무엇인가? 우리 내면의 지혜와 신성한 목소리에 인도받으려면 혼자 있는 시간을 충분히 확보해야 한다. 그러나 은둔자 카드가 나왔다고 해서 반드시 대부분의 시간을 혼자 보내야 한다는 뜻은 아니다. 다만 마음이 잘 통하는 사람과 의미 있는 일을 하면서 시간을 보내라는 것이다. 특히 지금은 스승이 중요하다. 전반적으로 내면의 삶이나 영적인 삶에 우선순위를 둘 수 있다.

역방향

은둔자 카드가 역방향으로 나온다면 혼자만의 시간을 확보하고 일정을 수립하고 영적인 것을 추구하는 면에서 지나치게 단호한 태도를 취했다는 뜻일 수 있다. 대신에 어떤 것을 내려놓으면 내 경험을 존중할 만한 여유가 더 생길까?

아니면 내면의 목소리가 들려주는 지혜를 무시하거나 현명한 주변 사람의 조언을 소홀히 한다는 의미일 수도 있다. 지금 삶에서 상당한 지혜를 얻을 만한 잠재력이 있지만, 그러려면 적극적으로 배우고 깊이 생각하는 방법을 찾아야 한다.

상징

랜턴 내면의 소리
아래로 향한 시선 물러남
긴 지팡이 자립
육각별 천상과 지상의 합일

신비한 의미

수비학에서 숫자 9는 완성과 목표 달성을 뜻한다. 원로 또는 지혜로운 영혼의 소유자인 은둔자는 삶에서 어떤 것을 완성하고 성취를 이뤘다는 기분이 든다. 또한 9는 명상을 뜻하는 숫자이기도 한데, 은둔자에게 명상은 상당히 중요하다. 은둔자의 영적인 탐구는 이상주의적이거나 감정적이거나 사회적 활동이 아니라 현실에 기반을 두고 있다. 원소 중에서 흙은 은둔자가 충분한 시간 동안 자신의 여정을 밟

━━━━━ 질문 ━━━━━

수업에 관심이 없는 학생의 참여를 어떻게 이끌어낼 수 있을까?

은둔자는 의미 있는 노력을 강조한다. 은둔자는 피상적인 취미나 쓸데없이 바쁜 일보다 자기 내면을 들여다보고 지혜를 구하는 일을 더욱 중시한다. 은둔자 카드가 나왔다는 것은 당신이 가르치는 학생이 수업 내용에서 의미를 찾고 개인적으로 자기한테 의미 있는 부분을 발견하도록 해야 한다는 뜻이다. 수업 주제에 개인적인 관심과 흥미를 느낄 수 있도록 독려하는 방법을 찾아보라. 그러면 의미를 추구하는 은둔자의 정신이 반영될 것이다.

또한 당신도 자신의 수업 방식을 살펴보고 교수법을 탐색해 보기를 바란다. 호기심과 확신으로 자신의 길을 찾아 수업을 운영해라. 현재의 상황에서 빠져나올 수 있도록 이끌어줄 멘토의 도움을 받는 것도 좋다.

아 나가며 물질적 자원을 신중하게 사용한다는 뜻을 지닌다.

은둔자는 별자리 중에서 처녀자리와 연관이 있다. 은둔자처럼 처녀자리도 경외심과 경이로움을 중요시한다.

지원 카드 및 반대 카드

여사제 카드나 검 4번 카드처럼 명상과 사색을 뜻하는 카드는 은둔자의 영적인 내면 탐구를 강조한다. 은둔자는 스승으로서 신비사제와 양립 가능하다.

컵 9번 카드나 지팡이 4번 카드처럼 축하를 뜻하는 카드는 은둔자의 고독한 평화에 방해가 된다.

WHEEL of FORTUNE.

별칭 운명, 수레바퀴

키워드 변화, 패턴, 운

원소 불

점성술 목성

수비학 숫자 10 (합해서 1)

운명의 수레바퀴는 계절과 운명의 변화를 상징한다. 우리는 행운과 불운을 겪고 기쁜 시간과 슬픈 시간을 경험하면서 살아간다. 그 과정에서 상황이 악화되면 의연하게 대처하고 언제나 자신의 행동에 책임을 지는 법을 배우기도 하지만, 때로는 우리에게 닥친 상황을 통제할 수 없다.

운명의 수레바퀴는 예기치 못한 운명의 변화를 가리킨다. 이 카드를 통해 우리는 그 어떤 것도 오랫동안 그대로 머물지 않는다는 사실을 새삼 깨닫고, 그런데도 역사와 패턴은 반복되며 뿌린 대로 거둔다는 것 또한 알게 된다.

당신은 자기 자신의 패턴을 파악하고 이해하게 되며 주변 사람들과 세상의 패턴도 알게 될 것이다. 자립적으로 행동할 수 있는 능력을 얻는 동시에 평정심을 유지하고 주어진 것을 받아들이는 태도도 기를 수 있다. 자신이 바꿀 수 있는 것은 무엇인지, 또 어떤 문제는 결국 운명이나 신에게 맡길 수밖에 없는지를 더 명확하게 구분할 수 있게 될 것이다.

역방향

운명의 수레바퀴 카드가 역방향으로 나왔다는 것은 상황이 정지하거나 종결된다는 뜻이다. 당신이 운명을 거스르려고 애쓰고 있는지 잘 생각해 보아라. 당신이 피하고 싶어 하는 일은 결국 반드시 다시 돌아와서 당신을 괴롭힐 것이다. 당신의 행동이 즉각적으로 혹은 장기적으로 어떤 영향을 미치게 될지를 고려해라.

상징

히브리어 글자 YHWH 감히 소리 내어 말할 수 없는 신의 이름

토라(TORA) (글자를 반시계방향으로 읽었을 때) 토라

타로(TARO) (글자를 시계방향으로 읽었을 때) 타로

로타(ROTA) (글자를 밑에서부터 시계방향으로 읽었을 때) 수레바퀴라는 뜻의 라틴어

연금술적 상징 수은, 유황, 물, 소금

빨간 자칼-인간 이집트 신화에서 내세의 신인 아누비스(Anubis)

뱀 지혜, 유혹

스핑크스 운명적인 수수께끼

천사, 독수리, 사자, 황소 고정궁(물병자리, 전갈자리, 사자자리, 황소자리), 4대 원소(공기, 물, 불, 흙), 4방위(동, 서, 남, 북), 인생의 네 시기(유아기, 청소년기, 성인기, 노년기)

신비한 의미

수비학에서 숫자 10은 성장과 반복을 의미한다. 10의 각 자릿수를 더하면 1이 되는데, 1은 일치와 시작, 힘을 뜻하며 마법사의 자유의지와 모든 것을 아우르는 관점을 가리킨다. 운명의 수레바퀴는 항상 돌아가고 있다. 호된 시련 속에서 우리 자신과 우리의 삶은 산산조각나고 다시 새롭게 창조된다.

운명의 수레바퀴와 관련이 있는 행성은 목성이다. 풍요로움과 확장을 뜻하는 목성은 금전 및 행운과 관련된 이 카드의 의미를 한층 강화한다.

질문

인생이 무너져내리는 것만 같은 기분이 든다. 어떻게 하면 다시 일어설 수 있을까?

이런 질문을 던졌을 때 운명의 수레바퀴 카드가 나온다면 삶에서 올바른 패턴에 집중하라는 의미다. 그러면 지금 이 상황에서 취할 수 있는 행동이 무엇인지, 어떤 것이 확고하게 자리를 지킬지를 알 수 있다. 지금은 헛된 기대를 할 때가 아니라 경험을 통해 이미 올바른 행동이라는 것을 알고 있는 일을 실행하라는 뜻이다. 원인과 결과에 주의를 기울여라. 지금은 당신이 더욱 성숙해질 수 있는 순간이다.

당신에게는 악순환을 끊어낼 수 있는 놀라운 기회가 주어졌다. 자신의 관점과 변화에 대처하는 방법을 갖고 책임을 져야 한다. 모든 상황은 영원하지 않다. 혼란의 시기나 상실의 시기 역시 마찬가지다.

지원 카드 및 반대 카드

(돌파구 카드라고도 불리는) 전차 카드는 악순환을 끊는다는 운명의 수레바퀴 카드의 의미를 강화한다. 전차 카드에 비하면 정도가 약하기는 하지만 마이너 아르카나 각 슈트의 7번 카드 역시 마찬가지다.

죽음 카드나 탑 카드가 운명의 수레바퀴와 함께 나오는 경우에는 예기치 못한 운명적 변화라는 의미가 더욱 강조된다. 펜타클 4번, 컵 4번처럼 정체를 뜻하는 카드가 운명의 수레바퀴와 같이 등장하면 변화에 대한 저항이 있다는 의미다.

별칭 적응

키워드 균형, 객관성, 공정성, 공평

원소 공기

점성술 천칭자리

수비학 숫자 11 (합해서 2)

정의는 공정성과 공평함, 균형이 회복된다는 의미다. 이 카드에 그려진 인물은 (저울이 보여 주는 것처럼) 어떤 상황에 따른 다양한 고려 사항을 저울질하고 있고 (검이 보여 주는 것처럼) 명징하고 이성적이고 객관적인 사고를 통해 올바른 행동을 택한다.

정의가 균형을 잡는 행동 중에는 객관적 인식을 통해 자신의 개인적 의견과 편견을 바로잡는 부분도 있다. 또한 정의는 진실한 태도로 자기 자신을 대하면서도 지금 이 상황에 필요한 윤리적·실질적 요구에 부응하는 능력이 있다. 드리워진 커튼은 카르마와 인과법칙을 관장하는 우주적 정의의 영역을 나타낸다. 우리는 정의와 관련된 문제를 고민할 때도 이런 법칙을 활용하고자 한다.

그리고 정의는 특히 추상적인 것에서 구체적인 것으로 이행할 때는 조정이 필요하다는 것을 알려 주는 카드다. 공정함과 균형, 평등을 이루려면 각기 다른 규칙과 법칙, 도덕률에 대한 이해 관계를 조정해서 특정한 상황의 구체저인 내용을 분석할 필요가 있다. 운명의 수레바퀴처럼 정의 또한 운명의 변화에 따라 우리의 삶을 어떻게 조정해야 하는지를 나타낸다. 만약 당신이 정의 카드를 뽑았다면 이는 혼란스러운 생활이나 불공평한 상황에서 균형을 회복할 수 있는 결정을 내린다는 것을 뜻할 수도 있다.

역방향

역방향일 때 정의 카드는 부당하고 억울한 감정을 나타낸다. 비록 당신한테는 상황이 좋은 쪽으로 풀리지 않았지만 사실 지금의 결과는 모든 사람에게 가장 공평하고 바람직한 결과다. 이런 균형감각이 없으면 다양한 형태의 편견과 불평등으로 이어질 수 있다. 부패, 기회주의, 불평등, 인종차별, 외국인 혐오, 성차별, 장애인 차별, 트랜스포비아(성전환 혐오―옮긴이), 여성 혐오, 이성애주의, 호모포비아(동성애 혐오―옮긴이)는 그중 일부 사례다.

상징

저울 결정과 관련된 여러 요소를 저울질함

검 합리적 사고, 객관성

커튼 베일 너머에 우주적 정의의 영역이 존재함

기둥 균형, 지지, 법적 제도

신비한 의미

수비학에서 숫자 11은 영적인 통찰을 상징하는 신성한 숫자다. 11의 각 자릿수를 더하면 2가 되는데 2는 이중성, 균형, 공정성, 선택 및 파트너십을 의미한다. 원소 중에서는 공기와 관련 있으므로 정의는 이성적이다. 정의의 객관성은 무중력 상태와 같은 느낌을 준다.

점성학적으로 정의와 연결돼 있는 별자리는 천칭자리다. 정의는 천칭자리가 중시하는 가치인 균형 및 공정성과 공명한다.

지원 카드 및 반대 카드

정의 카드와 마찬가지로 황제도 합리적 질서와 현실

— 질문 —

최근에 파트너와 다퉜는데 그 이면에는 어떤 문제가 도사리고 있을까?

만약 당신이 정의 카드를 뽑았다면 당신과 파트너가 최근에 삶에서 중요한 변화를 겪었고 지금도 조정하고 적응하는 중이라는 뜻일 가능성이 있다. 서로를 온당하게 대하고 각자 어떤 일을 겪고 있는지 자주 이야기를 나눠라. 두 사람 사이의 평형을 다시 이루려면 매일 서로에게 맞춰나가고, 파트너의 행동을 자신이 넘겨짚은 부분은 없는지 확인하고, 둘 사이에 공정하고 평등한 관계가 형성되도록 노력해야 한다. 정의 카드는 균형과 이성을 상징하므로, 이 시점에서 두 사람 각자가 자신의 니즈를 파악하고 자기 자신을 돌보는 것 또한 서로에게 신경 써 주는 것만큼이나 중요하다.

세계의 의무를 신경 쓴다. 펜타클 2번처럼 외부 세계의 균형을 나타내는 카드와 검의 여왕처럼 이성에 따른 공정성을 뜻하는 카드 또한 정의 카드를 지원한다.

악마 카드나 검 10번 카드처럼 억압을 뜻하는 카드나 검 5번처럼 경쟁을 암시하는 카드는 정의 카드에 반대되는 특성을 지닌다.

별칭 교수형

키워드 신뢰, 자기 희생, 기다림

원소 물

점성술 해왕성

수비학 숫자 12 (합해서 3)

매달린 사람은 세상에 대한 신뢰를 상징한다. 만약 매달린 사람 카드가 나왔다면 당신의 믿음과 신념이 시험에 들게 된다는 뜻이다. 당신은 인생에서 초조한 상황에 부닥쳤다. 주변 사람들을 믿지 못하거나 앞으로 일이 잘 풀릴 가능성을 스스로 믿지 못하기 때문에 앞으로 나아가지 못하고 있다.

그러나 당신은 자신이 무엇을 믿는지, 어떤 것에 헌신하는지, 어떤 믿음이 자신을 지탱할 수 있게 해 줄지를 이미 알고 있거나 차차 알아가고 있다. 이 카드는 영적인 지원이 실질적이고 구체적이라는 사실을 가르쳐 준다.

매달린 사람 카드 속의 인물이 생명의 나무에 매달려 있다고 생각하는 사람도 있다. 아무리 세계, 멀리 떨어진다고 하더라도 당신은 여전히 이 세상에 존재하며 이 세상이 당신을 붙잡아 줄 것이라는 뜻이다.

매달린 사람의 눈에는 모든 것이 거꾸로 보이기 때문에 이 카드는 '독특한 관점'을 상징한다. 세속적 사실이 아닌 영적인 진실을 바탕으로 세상을 바라보기 때문에 당신에게는 다른 사람들이 볼 수 없는 것들이 보인다. 환상이나 주류 패러다임의 너머에 존재하는 창의적인 해결책과 사랑, 아름다움, 신성함을 볼 수 있다. 당신의 독특한 시각을 불편해하거나 불안해하는 사람들이 비난과 박해로 보복할지도 모른다. 하지만 당신은 궁극적인 자유와 성취, 축복받을 일을 향해 의연하게 길을 걸어가고 있다.

역방향

역방향 매달린 사람은 영혼을 괴롭히는 장애물과 불평등이다. 자신이나 신성함에 대한 믿음을 잃도록 만드는 것이다. 역방향 매달린 사람 카드는 자신의 믿음과 진실로부터 분리되는 데서 오는 절망을 가리키기도 한다. 정방향일 때는 신념과 확신의 이름으로 행해지는 자기 희생을 뜻하기도 하는데, 역방향인 경우에는 혹시 습관적으로 자신을 희생해온 것은 아닌지 생각해 볼 필요가 있다. 마음속 깊은 곳의 신념을 찾아보아라. 신념은 분명히 그 자리에 있으며 당신을 진정으로 지탱해 주고 뒷받침해 줄 것이다.

상징

나무 생명의 나무
후광 깨달음
파란 셔츠 직관
빨간 바지 활력, 대담무쌍함

신비한 의미

매달린 사람은 멈춰 있고 기다리는 존재이기 때문에 시간을 초월하며 영원한 진실 속에 머무르는 존재를 의미한다. 수비학에서 숫자 12는 시간을 의미한다. 1년은 열두 달과 황도 12궁으로 구분된다. 또한 매달린 사람은 모든 시간을 한번에 보는지도 모른다.

매달린 사람의 원소인 물은 영적 시간과 정서적 시간을 의미한다.

매달린 사람은 미묘함과 영적 인식을 상징하는

질문

가족의 지지를 받지 못하는 것만 같은 기분이 든다. 내가 뭔가 잘못하고 있는 걸까?

지지를 받지 못하는 기분이 드는 이유가 당신이 '뭔가 잘못해서'는 전혀 아니라는 점을 이해하는 것이 중요하다. 매달린 사람 카드가 나왔다는 것은 당신이 눈에 보이는 것 너머의 현실을 인식해야 행동을 취하고 신성함을 믿는다는 의미다. 자신의 영적 인식에 의문이 들 때도 많겠지만 가족이 당신의 진실과 내적 자유에 어떻게 반응해야 하는지 잘 모른다는 것을 이해해야 한다. 의심은 아무런 소용이 없다. 자신이 믿는 바에 대한 신념을 계속 가져가라.

매달린 사람에게 신뢰는 중요한 문제다. 당신과 가족 간 신뢰를 쌓을 수 있는 행동을 해라. 가족이 당신을 이해할 수 있도록 도와주고, 열린 마음으로 그들을 대하고 그들에 대해 호기심을 가져라. 서로 교감할 수 있다.

행성인 해왕성과 관련이 있다.

지원 카드 및 반대 카드

매달린 사람과 마찬가지로 검 2번 카드도 내면을 들여다보고 직관적 진실을 찾을 수 있는, 멈춤의 시간을 강조한다. 은둔자의 지혜는 매달린 사람의 지혜를 더욱 강조한다.

신비사제의 관례와 제도는 매달린 사람의 독특하고 창의적이며 인습을 타파하는 진실과 상충한다. 검의 기사 카드처럼 속도, 긴급성 및 외부의 행동을 상징하는 카드는 매달린 사람의 내적 여정과 미묘한 내면의 확신을 저해한다.

별칭 완전한 변화

키워드 끝, 비탄, 완전한 변화, 부활

원소 물

점성술 전갈자리

수비학 숫자 13 (합쳐서 4)

죽음은 끝과 슬픔, 내려놓음을 상징하는 카드다. 내려놓을 때 우리는 완전한 변화를 이룬다. 두려움이 허물어지면서 사랑이 나타난다. 이 카드에는 왕의 죽음이 묘사돼 있다. 바닥에 떨어져 버린 그의 왕관이 보인다. 죽음 카드는 우리가 통제력을 어느 정도 상실했는지 모르지만, 매달린 사람을 통해 배웠듯이 항상 힘겹게 버틸 필요는 없다는 암시다. 상황을 통제할 능력을 잃는다고 하더라도 우리는 신성함 안에서 신뢰를 찾을 수 있다. 어쩌면 우리는 내면의 통제 메커니즘에서 벗어나기를 내심 바라고 있었는지도 모른다. 이제는 슬픈 상황 때문에 오히려 자유롭게 풀려난 상태다.

죽음 카드는 죽음의 의미가 단지 한 가지가 아니란 것을 보여준다. 이 카드 속의 어린아이는 호기심에 눈을 크게 뜨고 죽음을 대하고 있다. 여자는 고개를 돌리고 애도한다. 주교는 침통한 태도로 죽음을 맞이한다. 이 카드 속의 인물들이 죽음에 대하는 반응이 각기 다르듯이, 그 누구도 우리에게 끝이 어떤 의미일지, 어떤 기분이 들지 예측할 수 없다. 따라서 이 카드는 단지 끝난다는 이유만으로 두려워하지는 말라는 뜻을 담고 있다.

만약 당신이 죽음 카드를 뽑았고 이 카드가 상징하는 끝을 두려워하고 있다면 참을성 있게 두려움을 버텨 내고, 이 두려움을 넘어서서 전체적인 모습을 파악해 보기 바란다. 죽음 카드는 해방과 부활이다. 성장 과정은 힘겨울 수 있지만 언제나 그럴 만한 가치가 있다. 자신의 완전한 변화를 믿어라.

역방향

역방향일 때 죽음 카드는 끝을 받아들이길 거부하고 있다는 의미다. 당신은 걱정과 두려움, 혼란에 사로잡혀서 자신의 완전한 변화를 거부한다. 이런 끝이 온다는 점에서는 어떤 것도 통제할 수 없지만 그 과정에서 성장할 수 있고 고통을 통해 아름다움을 만들어 낼 수 있다는 점을 기억하기를 바란다.

상징

장미 십자회의 장미 4대 원소와 제5원소, 또는 영혼
왕의 왕관 통제
죽음의 검은 갑옷 보호
강 스틱스 강, 죽음 이후에 영혼의 여정

신비한 의미

수비학에서 13은 불운을 뜻하는 숫자가 아니다. 오히려 진실을 마주하고 완전한 변화를 이루는 능력을 가리키는 강력한 숫자다. 13의 각 자릿수를 더하면 4가 되는데, 4는 현실의 차가운 사실을 받아들이는 황제의 모습과 일맥상통한다. 안정을 뜻하는 4는 우리에게 결단력을 제공한다. 죽음을 상징하는 원소인 물은 눈물로써 슬픔과 고통을 내려놓도록 돕는다. 그러면 우리의 영혼이 정화된다.

죽음 카드는 전갈자리와 연관된다. 전갈자리는 완전한 변화에 상당한 매력을 느끼며, 때로는 거짓된 생각이나 존재의 죽음을 불러오기도 한다. 전갈자리는 변화에 직면해서도 침착함을 잃지 않는다.

질문

나는 사람들과 함께 있는 것을 좋아했는데 최근에는 여러 사람을 만나면 불안한 기분이 든다. 이런 두려움의 기저에 무엇이 있을까?

만약 이런 질문에 대한 답으로 죽음 카드를 뽑았다면 정체성(갑옷)이 유동적인 것이다. 당신은 여리기도 하지만 동시에 불을 통과해 지나갈 만큼 강인하다. 자신에게 부드럽게 대해 주어라.

자신의 새로운 모습에 적응하느라 예민한 상태라는 것을 잊지 마라. 임시방편으로 불안을 해결하려고 애쓰지 말고 당신이 이뤄 낼 성공에 집중하라. 시간이 지나면 자의식도 누그러질 것이며 다시 예전처럼 다른 사람과 함께 있는 시간을 즐길 수 있게 될 것이다.

지원 카드 및 반대 카드

만약 검 10번 카드가 죽음 카드와 함께 리딩에 등장한다면 끝이 남으로써 겪고 있는 고통을 시인한다는 뜻이다. 지금 이 상황에서 정서적으로 받는 영향을 인정해야 한다. 그래야만 슬퍼하고 치유할 수 있다. 운명의 수레바퀴는 운명으로 정해진 끝 또는 당신의 통제를 넘어서는 끝을 강조한다. 이 끝에 대해 죄책감을 느끼지 마라. 대신 이미 벌어진 일에서 교훈을 얻고 긍정적인 태도로 앞으로 나아가라.

죽음 카드의 효력을 없애는 카드는 없다. 그러나 바보 카드는 중요한 끝을 감지하지 못하거나 심드렁한 태도를 보이는 것일 수도 있다.

별칭 예술

키워드 창의성, 예술, 치유, 균형

원소 불

점성술 궁수자리

수비학 숫자 14 (합해서 5)

절제는 삶의 모든 요소가 조화로운 균형을 이루며 흘러가서 우리가 정서적, 창의적, 영적으로 잘 지낼 수 있도록 돕는다. 절제는 연금술과 예술, 은유를 뜻하는 카드다. 각각의 부분이 한데 모여 불균형을 해소하며, 부분의 합보다 전체가 더 크다는 것을 경험하게 해준다. 천사가 은으로 된 잔에서 금으로 된 잔으로 물을 따르는 장면이 그려져 있는데 이는 여러 부분을 하나로 합치는 것을 가리킨다. 마법처럼 물이 옆으로 흘러가는 모습은 창의력을 발휘하면 불가능한 일도 가능한 일이 될 수 있다는 뜻이다.

이 카드에서 절제의 정의는 금욕이 아니라 여러 요소 간의 적절한 균형이다. 이러한 원칙은 천사의 발이 어디에 위치했는지에서도 드러난다. 천사는 한쪽 발을 땅에 딛고 다른 쪽 발은 물에 담그고 있다. 만약 당신이 절제 카드를 뽑았다면 균형을 찾거나 유지하는 것이 바람직하다는 의미다. 혹시 중독이나 불균형으로 고군분투하고 있다면 어떤 것을 자제하려고 억지로 애쓰기보다 삶의 다른 분야를 개선하는 것이 좋다. 그러면 당신이 찾는 만족을 얻을 수 있을 것이다.

본질적으로 성취감을 주고 다른 파괴적인 행동이나 영향에 맞서 균형을 잡는 데 도움이 되는 일이나 경험을 당신의 하루 일과에 추가해서 자신을 완화시켜라.

역방향

역방향일 때 절제 카드는 균형이 없음을 말한다. 이

러한 불균형은 지나친 탐닉이나 중독이 그 원인일 수도 있고 섭식장애나 자기 감정을 거부해서 생긴 설법 때문일 수도 있다. 차근차근 균형을 회복할 수 있도록 노력을 기울여라.

상징

천사 신성한 보호
물 정화, 치유
셉터너리(사각형 안의 삼각형 모양) 인간의 경험에 관한 일곱 가지 원칙
붓꽃 희망

신비한 의미

수비학에서 숫자 14는 안정을 상징한다. 감정은 여러 특성 중 하나에 불과하며 주된 부분이 아니란 것을 말한다. 14의 각 자릿수를 더하면 5가 되는데, 5는 변화와 중재를 뜻하는 역동적인 숫자다. 이는 여러 다양한 요소를 하나로 모은다는 절제 카드의 의미와도 일맥상통한다.

절제 카드의 원소는 불이다. 여러 요소가 한데 합쳐지고 창의적이며 불꽃 튀는 화학 반응이 일어나는 것을 뜻하는 역동적인 카드다.

절제와 관련이 있는 별자리는 궁수자리다. 궁수자리인 사람은 여러 분야에 관심이 많지만 때로는 상당히 직설적이다. 이와 마찬가지로 절제는 특정한 목표를 염두에 두고 서로 다른 독특한 요소들을 하나로 합친다.

질문

마감이 족박한 상황에서 일하고 있는데 기한 내에 일을 마무리하려면 나에게 어떤 특성이 있어야 할까?

만약 당신이 어떤 목표를 이루는 데 필요한 특성에 대한 질문을 던졌을 때 절제 카드가 나온다면 균형을 찾아야만 성공적으로 일을 완수할 수 있다는 뜻이다. 마감 압박을 견디면서 건강을 유지하려면 영양 섭취와 충분한 수면에 신경을 쓰고 되도록 자신을 고립시키지 말아야 한다. 창의력을 발휘해서 자기 자신을 이끌어 주고 지원해 주어라.

지원 카드 및 반대 카드

절제 카드와 함께 등장하는 별 카드는 절제 카드가 지닌 치유의 의미를 강조한다. 컵 2번 카드와 정의 카드는 균형을 강조한다.

지팡이 5번 카드와 검 5번 카드는 각각 혼란과 갈등을 가리킨다. 두 카드 모두 절제의 조화에 반대로 작용한다. 악마 카드의 쾌락주의는 절제의 균형에 반대되는 의미가 있다.

별칭 판(Pan), 유혹, 길 잃은 자의 포획자

키워드 활력, 놀이, 유혹, 억압

원소 흙

점성술 염소자리

수비학 숫자 15 (합해서 6)

이 카드에 그려진 악마 형상은 그리스 신화에 나오는 판이다. 반은 염소이고 반은 인간인 판은 자연과 욕망, 유희 그리고 음악과 음식을 비롯해 육체적 쾌락을 관장하는 신이다. 타로의 악마 카드에는 장난기 많고 건장하고 활기찬 판의 모습이 반영돼 있기도 하지만 물질주의가 우선하면 어떤 일이 일어나는지도 보여 준다.

악마 카드로 자신 안에서든 자신이 속한 상황에서든 삶에 부적절한 부분은 없는지 돌이켜보게 된다. 만약 악마 카드를 뽑았다면 자신의 장난기와 유희 감각을 면밀하게 살펴보는 것이 좋다. 당신은 규칙과 속박을 장난스럽게 대하거나 도발적인 태도를 취하는가? 심각한 상황을 가볍게 대하고 즐거움과 재미를 위해 규칙을 무너뜨리는가? 어떤 활기찬 에너지가 당신을 통과해서 흘러가는가? 다른 한편으로는 혹시 당신이 해를 끼치지는 않는가? 자기 자신이나 다른 사람의 어떤 부분을 어누르거나 거부하거나 수치스럽게 만들지는 않는가? 지금 이 상황의 역학 관계는 어떤가? 자유를 얻을 수 있는 방법이 있을까?

또한 악마 카드는 우리가 안 좋은 상황에 빠져 있다고 생각하지만 실제로는 그렇지 않다는 점을 종종 보여준다. 악마 아래에 있는 사람들의 목에 걸려 있는 사슬은 느슨한 상태이며 마음만 먹으면 벗어버릴 수 있다. 그들은 조종과 탐욕의 사슬로 묶여 있고 자신의 부정적인 면을 책임지는 것을 두려워한다. 자신의 부정적인 행동은 남이나 악마의 탓으로 돌린다. 악마 카드는 두려움과 그림자를 직면하고 통제에서 벗어나 자유를 누리라는 의미를 지닌다.

역방향

역방향일 때 악마 카드는 해방과 단절을 의미한다. 처음에 생각했던 것만큼 자신이 구속돼 있지 않다는 사실을 깨닫고 자신을 자유롭게 하는 것이다.

상징

악마 판, 자연, 육체적 쾌락

남자와 여자 유혹에 넘어간 죄로 비난을 받는 아담과 이브

반전된 형태의 펜타클(오각별) 잔인함

사슬 스스로 택해서, 또는 조종이나 억압을 당해 안 좋은 상황에 빠져 있음

신비한 의미

수비학에서 숫자 15는 감금과 적대감을 의미하며, 각 자릿수를 더하면 6이 된다. 이 카드에 그려져 있는 두 사람은 연인 카드에도 등장한다. 15라는 숫자는 6번 연인 카드의 조화와 수동성 이면에 존재하는 그림자와 권력 투쟁을 보여준다.

황도 12궁의 염소자리와 반쯤 염소를 닮은 형상은 지칠 줄 모르는 끈질긴 존재를 나타낸다. 그들은 에너지와 힘을 휘두르지만 자신의 부정적인 기대에 발목을 잡힐 수도 있다. 흙과 연관이 있는 그들은 (어쩌면 무거울 수도 있는) 그라운딩(땅과 연결되어 있는

─── 질문 ───

내 삶이 이렇게 혼란스러운 원인은 무엇일까?

이런 질문에 대한 답으로 악마 카드가 나왔다면 구속을 느끼는 상황에 부닥쳤다는 의미다. 때로는 지배하려 드는 성향이 강한 파트너나 상사, 룸메이트, 집주인을 참고 견디고 있는 상황일 수도 있다. (금전적 제약이 원인인 경우가 많다.) 지금 당신의 삶이 혼란스러운 이유는 아마도 건전하지 못한 상황에 머물러 있게 만드는 실질적 또는 상상의 제약 때문일 것이다. 지금 곤란한 상황에서 빠져나오지 못하게 만드는 것은 무엇인지 자신에게 물어보라. 그런 제약이 실제로 존재하는지 생각해 보아라. 만약 실제로 존재하는 제약이라면 창의력이나 전략을 발휘해서 어떻게 하면 벗어날 수 있을지를 브레인스토밍해 보아라. 악마가 지닌 또 다른 특징이 장난기라는 사실을 기억하라. 이 상황에서 벗어날 기지를 발휘해 보아라.

상태를 가리킴─옮긴이) 에너지를 지니고 있다. 이는 자신의 관점을 느슨하게 풀어 유희를 즐기 어렵다는 것을 가리킨다.

지원 카드 및 반대 카드

컵 9번 카드가 악마 카드와 함께 등장하는 경우. 지나친 탐닉을 강조한다. 달 카드의 위기는 탐욕이나 지배욕 등 악마적인 기본 본능에 대한 내적 고민을 의미한다.

절제 카드의 온건함은 쾌락주의적인 탐닉에 빠지고 권력에 목말라하며 타인에게 제재를 가하거나 억압하는 악마 카드와 상충한다.

THE TOWER.

별칭 불, 벼락

키워드 파괴, 결과, 재앙, 해독

원소 불

점성술 화성

수비학 숫자 16 (합해서 7)

(습관, 일, 관계 등) 삶에서 어떤 일이 잘 풀리지 않는데 그 문제를 인정하고 싶지 않을 때 우리는 임시방편과 막연한 희망, 부정으로 점점 위태로워지는 탑을 세운다. 우리가 이 허술한 탑을 해체하거나 복구하지 않는다면 결국 무너질 것이다. 탑은 완전한 파괴의 시기를 의미한다. 비록 제대로 기능하지 못했다고 하더라도 그동안 우리가 믿고 의지해 온 기반이 발밑에서 완전히 뜯겨 나갔다. 한없이 떨어지는 우리는 공포나 절망을 느낀다.

만약 당신이 탑 카드를 뽑았다면 이제는 실질적인 해결책과 탄탄한 기반을 마련할 수 있다는 점에서 도움이 된다. 방어할 수 없는 상황은 더 이상 당신의 에너지를 약화시키지 않는다. (사랑하고 아끼는 마음으로) 제 기능을 못 하는 것은 힌두교의 어머니 여신인 칼리가 독을 제거함으로써 해결해 주었다. 이제 나쁜 생각을 몰아내고 해독해서 새롭게 시작할 때다.

역방향

역방향일 때 탑 카드는 다른 사람이 겪은 파괴와 붕괴 경험에 당신이 영향을 받는다는 것을 의미한다. 하지만 당신은 지금 이 상황보다 영적으로, 정신적으로, 정서적으로 강하다. 다른 사람의 실수 때문에 당신의 생각을 제한할 필요는 없다.

상징

왕관 통제

탑 두려움
번개 깨달음
불꽃 변화, 파괴, 부활

신비한 의미

수비학에서 숫자 16은 사실 긍정적인 의미다. 억눌려 있던 감정이 해소되고 창의력과 사랑이 넘쳐 흐른다는 뜻이다. 16의 각 자릿수를 더하면 7이 되는데, 7은 영성과 시험을 상징하는 숫자다. 메이저 아르카나의 7번 카드이자 돌파구를 의미하는 전차 카드와 일맥상통한다.

탑의 원소는 당연히 불이다. 불은 자신이 파괴하는 대상을 환하게 비춰 준다. 제 역할을 하지 못하는 것을 파괴하는 행위로써 탑은 우리가 알 수 있도록 환히 밝혀 주고 갇혀 있던 에너지를 풀어 준다. 이제 배운 바를 실천하는 데 이 에너지를 활용할 수 있다.

탑 카드와 연관이 있는 행성은 화성이다. 화성은 공격적인 동시에 열정적이다. 두려움과 이기주의로 이루어진 탑이 무너지면서 정열과 활력이 풀려나온다.

지원 카드 및 반대 카드

죽음 카드 역시 끝을 의미하는 카드다. 탑 카드와 죽음 카드가 함께 등장하면 모든 것을 아우르는 완전한 변화가 확실히 발생한다는 뜻이다. 탑 카드와 검 10번 카드가 같이 나오면 탑에서 무너져내리는

─── 질문 ───

직장에서 해고된 내가 실패자처럼 느껴진다. 이제 어떻게 해야 할까?

만약 위의 질문에 대한 답으로 탑 카드를 뽑았다면 어쩌면 속마음은 이 일에서 벗어나고 싶었던 것은 아닌지 생각해 보기 바란다. 자기 마음속의 그 부분에 집중하고 그런 면을 사랑해라. 지금껏 그 직장에 계속 다니려고 외면해 왔던 마음의 소리에 귀를 기울여야 할 때다. 내면에 열정이 넘치고 활기찼던 모습을 다시 되살려보고 긍정적인 변화로 가득한 새로운 길을 걸어갈 힘을 얻어라. 나머지는 이미 다 지나가 버려서 어쩔 수 없는 일이다.

모든 것의 폭력성을 강조한다.

별이나 절제, 전차와 함께 나오면 탑 카드의 대격변이 해소됐다는 안도감과 새로운 목적의식 덕분에 완화된다.

별칭 경이로운 별, 별, 희망

키워드 우리를 이끌어주는 비전, 치유, 창의성

원소 공기

점성술 물병자리

수비학 숫자 17 (합해서 8)

마치 항해할 때 별이 길을 알려주듯이, 별 카드는 항상 우리를 올바른 방향으로 이끌어 줄 비전이나 이상을 가리킨다. 비전을 향해 나아갈 때 목적지가 얼마나 멀리 떨어져 있는지와 관계 없이, 우리는 올바른 길을 걷고 있다는 것을 안다.

별 덕분에 우리는 기적을 믿을 수 있게 되고 일상 속의 마법을 느낄 수 있게 된다. 이 카드에 그려진 따오기는 이집트 신화의 토트 신을 가리킨다. 사상과 언어, 마법의 신인 토트는 생각과 말의 힘을 일깨워 준다. 우리의 말에는 강력한 힘이 있다. 이상을 말로 표현하면 생명력을 부여할 수 있다. 우리의 경험은 아름다움과 의미로 가득 차 있다.

만약 당신이 별 카드를 뽑았다면 지금은 치유와 원기회복이 필요한 시기라는 뜻이다. 부정적인 것을 정화해 땅으로 흘려 보내라. 지금은 자기 자신의 연약함을 있는 그대로 바라보아도 괜찮다. 당신은 아름다우며 치유를 누릴 자격이 충분히 있다.

당신의 의식과 치유, 이상이 정화뿐만 아니라 그라운딩 역할까지 할 수 있게 하라. 갈망이 심한 경우 별은 과도한 순진함(naïveté)을 가리킨다. 미래의 비전에만 빠져 길을 잃지 마라. 추상적인 것보다는 개인적인 목표와 의도를 수립해라. 열린 마음으로 일상생활과 인간관계의 경이로움을 받아들여라. 당신은 수많은 사람에게 영감을 주는 존재다.

역방향

역방향일 때 별 카드는 과도한 순진함과 쉽게 잊는

성향을 가리킨다. 당신의 이상을 실현하는 데 필요한 실제 행동을 대체할 지경으로 믿음에만 의존하고 있는가? 또는 희망과 이상주의, 가능성이 잠재돼 있는 상태일 수도 있다. 당신 또는 다른 사람은 희망과 믿음이 있어야만 비로소 가능해지는 해결책과 방안을 무시하고 있다.

상징

별 우리를 인도하는 빛
흘러내리는 물 정화, 치유
물과 흙 균형, 그라운딩, 영성
따오기 토트, 언어, 마법
나체 순수함, 정직
산 열망

신비한 의미

수비학에서 숫자 17은 차분한 확신과 미묘한 힘을 의미한다. 17의 각 자릿수를 더하면 8이 되는데, 8은 힘을 상징하는 숫자다. 당신의 비전은 강력하며 이 상황을 헤쳐 나가는 데 필요한 힘과 지각력이 있다.

별과 관련이 있는 원소는 공기다. 이 카드는 걱정과 짐을 덜어 주고 우리에게 희망을 준다. 예전과 달리 마음과 영혼이 가벼워지는 느낌이 든다.

점성술에서 별은 물병자리와 연관돼 있다. 물병자리 사람은 이상주의와 가능성에 대한 믿음으로 다른 사람에게 자연스럽게 영감을 준다. 별은 당신에

질문

사랑하는 사람을 잃은 슬픔에 잠겨 있다. 애도의 나날 동안 나에게 어떤 것이 위로가 될까?

위의 질문에 대한 답으로 영감을 상징하는 긍정적인 카드인 별 카드를 뽑았다면 사랑했던 사람이 당신과 다른 사람을 여전히 인도하는 빛이 되도록 하는 방법에 집중하라는 뜻이다. 시간을 할애해서 세상에 대한 그 사람의 비전을 떠올려 보아라. 이 비전이 주변 사람에게 어떤 영감을 주었을까? 당신에게는 어떤 영감을 주었을까? 그 사람이 전해 준 영감을 당신의 삶에 반영하는 데 몰두함으로써 사랑했던 사람을 기리기를 바란다. 사랑했던 사람의 에너지가 주는 빛을 널리 전할 수 있는 방법을 생각해 보아라.

게 낙관적인 기분을 선사하는 사람이나 상황, 이상을 가리킨다.

지원 카드 및 반대 카드

균형과 치유, 정화를 강조하는 절제 카드가 별 카드를 지원한다. 차분함을 강조하는 검 6번 카드 역시 마찬가지다.

반면에 검 9번 카드와 탑 카드는 별의 반대 카드다. 격변과 걱정으로 점철된 시기에 언뜻 희망을 본다는 뜻일 수 있다. 또한 별 카드와 함께 등장했을 때 악마 카드의 지나친 탐닉과 권력의 불균형은 이상주의에 탐닉하거나 다른 사람에게 이상주의를 강요한다는 의미다.

THE MOON.

별칭 환상

키워드 꿈, 본능, 위기

원소 물

점성술 물고기자리

수비학 숫자 18 (합해서 9)

달은 달빛이나 잠재의식의 영향으로 발생하는 경험을 가리킨다. 꿈, 잘못, 섹슈얼리티, 동물적 본능과 두려움, 혼란, 환상, 범죄, 내적 위기의 순간 등 모든 것이 달의 영역에서 일어난다. 이 카드에서 달을 향해 울부짖고 있는 늑대와 개는 길든 생활과 야성이 종이 한 장 차이지만 그 작은 차이가 중요하다는 의미다. 달의 이미지는 우리의 본능과 동물적 본성이다. 달은 우리의 직관과 꿈, 영성을 긍정하지만 동시에 우리가 잔인해질 수도 있다는 가능성을 드러낸다.

때로는 우리 본능이 두려움의 지배를 받기도 한다. 이 카드에서 본능은 창문이 없는 두 개의 탑으로 표현돼 있는데, 사람들을 덫에 빠뜨려 가두는 요새이자 미지의 영역이다. 우리는 길들기까지 어떤 것들을 희생했을까? 어린 시절에 잔인성이 어떻게 우리의 야성을 길들이곤 했을까?

최악의 경우, 달 카드는 어린 시절 길든, 상호의존적이거나 학대하는 관계를 상징한다. 혹은 혼자라고 뿌리 깊게 착각하거나 폭력을 확신하는 등 잠재의식의 중심부에서 끔찍하게 믿고 있는 것을 보여준다. 만약 당신이 달 카드를 뽑았다면 아마도 지금 신념의 위기를 겪고 있거나 영혼의 어두운 밤을 경험하고 있다는 뜻일 것이다. 하지만 당신의 동물적 생존 본능과 욕구가 이 시간을 견뎌내고 낮의 햇빛을 마주할 수 있도록 도와줄 것이다.

역방향

역방향 달 카드는 당신이 잠재의식을 탐구하지 않고 무시한다는 뜻이다. 신호가 오는데도 계속 자신의 직관을 억누르다가 문제에 휘말리게 된다. 감정은 점점 쌓여 가는데 당신이 그런 감정을 표출하지 않는다.

트라우마가 워낙 심각해서 치유의 가능성조차 떠올릴 수 없더라도 이제는 치유할 방법을 찾기 시작할 때다. 그렇지 않으면 앞으로 계속 우울한 상태가 지속되거나 예기치 못한 각성이 일어날 수 있다. 당신은 분명 자신의 흐름을 되찾을 수 있다.

상징

늑대 본능
개 길든 야생
해와 달이 합쳐진 형상 행동 또는 자유의지와 반성 또는 수용성의 이중성
가재 원초적 자아, 물과 관련된 기원
탑, 망루 두려움, 잠재의식과 의식 사이의 경계선을 감시함
길고 구불구불한 길 미지의 목적지

신비한 의미

수비학에서 숫자 18은 연약한 면과 미지의 영역을 온화하게 탐색하고 이를 통해 숨겨진 문제가 드러난다는 의미가 있다. 18의 각 자릿수를 더하면 9가 되는데, 9는 명상과 풍요로움, 목표 달성을 뜻하는 숫

─── 질문 ───

왜 나는 건강하지 못한 관계를 반복해서 겪게 되는 걸까?

만약 이 질문에 대한 답으로 달 카드가 나왔다면 어린 시절부터 잠재의식 속에 뿌리박혀 있던 오래된 패턴을 주의 깊게 살펴보는 것이 좋다. 또한 자신에게 다정하게 대해 주어라. 해묵은 상처는 깊지만 당신은 강하며 치유하려는 의지를 지니고 있다. 자신의 상처를 파악하고 상처를 아는 것부터 벌써 반 이상 온 거다. 앞으로는 더욱 밝은 날이 기다리고 있을 것이다.

자다.

달의 원소는 물이다. 물은 감정 표현을 뜻하며 유연하고 유동적인 의식을 가리킨다.

점성학적으로 달은 황도 12궁 중에 물고기자리와 연관이 있다. 물고기자리의 사람은 치유와 직관, 친밀한 관계, (외부와 접하는) 경계를 중시한다. 이와 비슷하게 달도 경계의 가변성을 아우르며 때로는 친밀한 관계와 폭력적인 관계 사이의 미묘한 차이점을 알려 준다. 또한 외부인과의 경계를 회복할 수 있도록 돕는다.

지원 카드 및 반대 카드

은둔자 카드와 함께 나온 달 카드는 당신에게 고독과 회상, 직관의 시간을 제공한다.

황제의 안정성은 달의 가변성과 반대다. 이런 조합은 예측불허의 리더 또는 안정성과 가변성 사이의 갈등을 가리키기도 한다.

THE SUN.

별칭 아이들

키워드 기쁨, 성공, 건강, 아이들

원소 불

점성술 해

수비학 숫자 19 (합해서 10과 1)

날씨가 더없이 좋은 화창한 날에는 자연스럽게 기쁘고 즐거운 기분이 든다. 해 카드는 해가 우리에게 선사하는 기쁨을 상징한다. 만약 당신이 해 카드를 뽑았다면 이 카드에 그려져 있는 아이처럼 무방비 상태로 신이 난 기분일 것이다. 이 카드는 병을 앓는 등 어려운 시기를 겪은 후에 해가 솟아났다는 것을 의미한다. 밝게 비치는 해가 혼란을 말끔히 정리하고 우리의 건강을 회복시켜 주며 위험과 분노를 떨쳐 버린다. 이제 당신의 눈에는 모든 것이 환하게 보인다. 지금은 성공과 인정, 사랑이 충만한 시기다. 당신은 상을 받거나 번영을 누리거나 행복한 결혼 생활을 하거나 아이 또는 손자를 통한 기쁨을 누리게 된다.

의식을 상징하는 해가 나온 건 당신이 확신을 품고 자신 있게 행동하며 주변 상황을 잘 파악하고 있다는 것을 보여 준다. 해 카드에서 가장 중요한 것은 당신에게 자연스럽게 따뜻한 마음을 베풀 수 있고 받아들일 자질이 있다는 점이다. 우리가 본능적으로 아이를 사랑하고 도와주고 아이도 우리의 도움을 당연하게 받아들이는 것처럼 당신에게 따뜻한 마음이란 반사 작용과 다름없다. 감사하는 마음도 기본적으로 지니고 있다. 자신에게 필요한 자원과 성공, 지원이 있기 때문에 당신은 사랑이 필요한 사람에게 따뜻한 마음을 베풀 수 있다.

역방향

해 카드는 역방향으로 나왔을 때도 정방향일 때의

의미와 같은 경우가 종종 있다. 그러나 역방향은 소중한 것의 상실 또는 이와 관련된 어려움을 암시하기도 한다. 혹시 문제가 발생하지는 않는지 잘 살펴보고 필요하다면 방향을 바꾸어 보아라.

상징

아이 행복, 정직, 순수함, 완전함, 내면의 아이
해바라기 성장, 아름다움, 영적인 성취
빨간 깃발 활력
정원의 담장 평화로움, 안전함
말 몸

신비한 의미

수비학에서 숫자 19는 성과 달성과 불확실함을 이겨 낸 명확함을 뜻한다. 19의 각 자릿수를 더하면 10이 되는데, 10은 (아이들처럼) 시작을 상징하는 숫자이기도 하고 (기쁨이 넘치는 성공을 축하하는 것처럼) 끝을 상징하는 숫자이기도 하다. 10은 다시 1이 되는데, 1은 일치와 시작, 힘을 의미한다.

해의 원소는 불이다. 해는 불의 에너지와 활력, 온기, 세상을 환히 비추는 힘을 뜻한다. 점성학에서 해 카드는 당연히 해와 연관이 있다. 해는 우리에게 건강과 명확함, 에너지를 준다. 기쁨, 따뜻한 마음, 건강, 성공 등 해의 특성이 선택적이거나 보기 드문 것이 아니라 일상적이고 규칙적이며 그런 특성이 한동안 밝게 지속된다는 의미가 있다. 삶에 존재하는 단순하고 근본적인 기쁨에 관심을 기울여라. 그런

질문

해외에 있는 오빠가 나를 초대했는데 지금 우리 관계가 어떤 상황인지 잘 모르겠다. 만약 내가 오빠의 초대를 수락한다면 어떤 결과가 발생할까?

위와 같은 질문을 던졌을 때 해 카드가 나온다면 오빠와의 관계가 기쁨의 바탕이 된다는 것을 의미한다. 만약 오빠에게 자녀가 있다면 당신이 오빠네 집을 방문할 때 더욱 큰 기쁨을 느끼게 될 것이다. 여행을 다녀온다면 이 여행에서 느낀 유대감과 즐거움이 귀국 후에도 오랫동안 당신에게 활력이 될 것이다.

부분이 다른 어떤 것보다도 실질적이고 중요하다.

지원 카드 및 반대 카드

컵 9번처럼 가족 또는 사랑하는 사람들과 함께 시간을 보낸다는 의미의 카드는 해 카드에 행복을 더 해 준다. 세계 카드나 지팡이 6번 카드처럼 성공과 성취를 뜻하는 카드 역시 마찬가지다.

탑 카드와 검 9번 카드처럼 우울 또는 불안을 상징하는 카드는 해 카드에 어두운 그늘을 드리운다.

별칭 최후의 심판, 천사

키워드 더 높은 차원의 소명, 비판, 개인적 판단, 용서

원소 불

점성술 명왕성

수비학 숫자 20 (합해서 2)

심판 카드는 우리가 상당히 큰 변화를 겪었다는 것을 의미한다. 대천사 가브리엘의 나팔은 이런 변화를 통해 완전히 각성되었다는 뜻이다. 메이저 아르카나에서 바보의 여정을 따라 20번 카드에 이르기까지 우리는 그동안 인간이 겪을 수 있는 주요 경험을 거의 모두 살펴보았다. 이제 우리는 더 높은 차원의 소명을 받아들여야 할 때다.

심판을 받는데도 이 카드에 그려진 벌거벗은 인물들은 자신을 연약하고 취약한 상태라고 여기지 않는다. 그들에게는 더 이상 비밀이 없다. 경외심과 놀라움을 느끼며 자신의 에너지와 상대방의 깨달음을 느낀다.

만약 심판 카드를 뽑았다면 당신은 통과의례를 겪는 중일 것이다. 이런 통과의례를 통해 당신은 바보의 여정에서 마지막 성과를 얻는 단계로 나아갈 준비를 한다. 당신의 행동과 성장을 신성한 존재가 판단한 것이다.

아니면 당신이 개인적 판단을 해야 할 상황에 처한다. 지금 이 시기에는 비판적 사고가 중요하지만 지나치게 비판적인 태도를 취하지 않도록 주의를 기울이기를 바란다. 심판 카드는 우리의 성공을 저해하는 과도한 비판적 자세를 가리키기도 한다.

심판 카드는 용서와 해소를 뜻하기도 하며, 우리가 더 높은 차원의 소명을 받아들일 때는 새로운 삶이 시작되는 것을 축하하는 의미를 지니기도 한다.

역방향

역방향일 때 심판 카드는 당신이 지나치게 비판적이며 영적인 깨달음을 얻을 수 있는 가능성을 모조리 없애 버린다는 것을 암시한다. 비판적인 태도를 누그러뜨리고 자기한테 다가오는 가능성을 파악하라.

상징

대천사 가브리엘 신성한 전달자
트럼펫 결정한 사항을 발표함
적십자 구조, 건강, 치유
아이 새롭게 다시 태어난 의식
나체 순수함, 정직

신비한 의미

수비학에서 숫자 20은 일치를 뜻하며 갈등이나 어려움을 해소하고 화해한다는 의미다. 20은 2가 되는데 2는 균형과 선택을 상징하는 숫자다. 그동안 바보의 여정을 걸어오면서 무지한 상태로 선택했던 것들이 이제 우리가 이뤄 낸 성장 덕분에 균형을 이루게 된다. 그렇지 않다면 신성한 심판관이 우리를 위해 모든 것의 균형을 맞춰 준다. 우리가 처음에 얻고자 했던 교훈을 확고히 하고 통합할 수 있도록, 우리가 극복해야 할 마지막 과제를 던져준다.

심판의 원소는 불순물을 태우는 불이다. 점성학적으로 심판 카드는 영혼 차원에서 깊이 있는 변화를 상징하는 명왕성과 연관이 있다.

질문

그동안 공들여온 프로젝트가 별다른 성과를 얻지 못할 것 같은 상황이다. 만약 다시 시작한다면 어떤 결과가 벌어질까?

이 질문에 대한 답으로 심판 카드가 나왔다면 프로젝트가 거의 끝나가는 상황에서 당신이 그만두고 싶은 이유가 사실은 심판을 피하고 싶은 마음 때문일 가능성이 크다. 자신의 작업 결과에 대한 외부 평가를 피하고 싶을 뿐 아니라 프로젝트를 마무리하기까지 겪어야 할 일들을 하기 싫은 마음도 있다.

심판 카드가 나왔다는 것은 설령 프로젝트를 바꾼다고 하더라도 현재 프로젝트의 마지막 단계에서 당신이 상대하던 일을 여전히 상대해야 할 것이라는 의미다. 지금은 자기 자신과 세상에 대한 자신의 기여 수준을 직시하는 것이 특히 중요한 시기다. 마찬가지로 프로젝트에서 잘못되거나 부족하다고 느껴지는 것은 당신의 삶에서도 부족한 요소다. 이 프로젝트를 마무리하든 다시 시작하든 당신은 그동안 기다려왔던 각성의 순간을 마주하게 될 것이다.

지원 카드 및 반대 카드

연인 카드는 심판 카드의 의미 중 '더 높은 차원의 소명'을 강조한다. 절제 카드와 별 카드는 심판 카드의 해소, 부활, 정화를 비롯한 특성을 강화한다.

우리는 여러 에이스 카드나 바보 카드처럼 시작과 잠재력을 뜻하는 카드를 훨씬 넘어선 상태다. 이런 카드는 심판 카드의 능력을 분산시킨다.

별칭 우주

키워드 완성, 축하, 완전함

원소 흙

점성술 토성

수비학 숫자 21 (합쳐서 3)

세계 카드는 프로젝트를 완수하거나 여정을 마무리하고 한 바퀴 돌아서 다시 원점으로 돌아오는 것을 의미한다. 생일, 졸업, 기념일, 은퇴를 비롯한 주요 사건을 뜻한다.

세계 카드는 일치와 완전함도 말한다. 이 카드에는 양성일체의 사람이 춤추는 모습이 그려져 있는데 이는 가능성과 표현의 스펙트럼을 상징한다. 세계 카드가 나왔다면 도착과 수용, 소속감 등의 감정이 당신의 삶을 지배한다는 뜻이다.

세계 카드에는 축하와 기쁨에 겨워 춤추는 모습이 담겨 있다. 당신은 긴 시간 동안 고된 여정(바보의 여정)을 견디며 어려운 과제에 도전하고 배워 나간 끝에 드디어 성공과 통달, 성취와 보상을 누리고 즐길 수 있게 됐다!

역방향

역방향일 때 세계 카드는 한계 속에서 일해야 하는 상황을 가리킨다. 당신에게는 여러 경계선이 설정되어 있고 현재로서는 타협이 불가능하다. 하지만 당신에게 주어진 상황 안에서 자유를 찾을 수도 있다. 그렇게 할 수 있다면 기쁨을 느낄 뿐만 아니라 어떤 상황 속에서도 자유를 누리는 능력은 앞으로 삶을 헤쳐 나가는 데 큰 도움이 될 것이다.

상징

천사, 독수리, 사자, 황소 고정궁(물병자리, 전갈자리, 사자자리, 황소자리), 4대 원소(공기, 물, 불, 흙), 4방위

(동, 서, 남, 북), 인생의 네 시기(유아기, 청소년기, 성인기, 노년기)

춤 이해와 사랑, 창의성, 에너지를 지니고 살아나가며 변화를 헤쳐 나감

렘니스케이트(월계관을 하나로 연결하는, 옆으로 누운 8자 모양) 무한함

월계관 승리, 권력

마법 지팡이 창의적인 행동을 생각해 냄

신비한 의미

수비학에서 숫자 21은 상상력과 사회적 재능을 가리킨다. 21의 각 자릿수를 더하면 3이 되는데, 3은 창의성과 생명을 상징하는 여황제 카드의 번호다. 우리는 여황제의 무한한 창의성을 활용해 수많은 사람의 공익에 도움이 되는 프로젝트를 끝까지 완수해 냈다.

예상하겠지만 세계를 상징하는 원소는 흙이다. 우리는 단단하고 탄탄한 땅 위에 굳건하게 서 있다. 우리는 사랑하는 사람들의 도움을 받으며 우리 또한 그들을 도와줄 수 있다. 우리는 스스로를 전체에 연결하며 우리가 어떤 존재인지, 우리가 무엇을 대표하는지를 알고 있다.

점성술에서 세계 카드는 토성과 연관이 있다. 보수적이며 근면 성실한 토성은 모든 세부 사항이 틀림없이 정확하도록 확인하고 강화한다. 토성은 세계 카드가 의미하는, 성공을 이루는 과정이 결코 쉽지 않았고 우리의 성장과 성공이 견고하고 확실하다는

질문

대학에 입학해서 집을 떠나는 딸에게
어떤 도움을 줄 수 있을까?

세계 카드는 완성과 축하를 상징하는 카드다. 딸의 미래를 위한 조언에 치중하기보다는 지금까지의 여정을 함께 돌아보고 그동안 딸이 얼마나 많이 성장했는지, 어떤 사람으로 자라났는지를 살펴보는 시간을 갖기를 권한다. 딸의 성장과 고교 졸업을 축하해 준다면 딸은 대학에 입학한 후에 자신을 존중하는 기쁜 마음으로 스스로 의사결정을 할 수 있는 자신감과 확신을 얻게 될 것이다.

변화나 전환과 관련된 문제에 대한 답으로 세계 카드가 나왔다는 것은 삶의 변화가 성장에서 비롯되었으며 전환은 여러 측면에서 상황이 한 바퀴를 돌아 다시 제자리로 향한다는 의미가 있다.

뜻을 지닌다.

지원 카드 및 반대 카드

해, 전차, 지팡이 4번, 컵 9번 등 성공과 성취 또는 축하를 뜻하는 모든 카드가 세계 카드의 긍정적인 에너지를 강조하는 역할을 한다.

반면에 컵 5번, 검 10번, 탑 카드 등 고통을 나타내는 카드는 세계 카드의 기쁨을 약화시킨다.

마이너 아르카나: 컵

컵은 우리의 감정과 영적인 삶을 나타낸다. 인간관계와 사랑을 알려 주고, 열린 마음으로 새로운 것을 받아들이며 때로는 사색에 잠기는 모습이다. 또한 창의적인 흐름과 관련된 문제를 다루며 영감의 원천을 활용하고 이해하는 데 도움이 된다. 컵 슈트는 원소 중에서 물과 관련이 있다.

• 점성술: 물의 별자리—게자리, 전갈자리, 물고기자리

컵 에이스

숫자 1 합일, 시작, 힘

점성술 물의 별자리—게자리, 전갈자리, 물고기 자리

키워드 사랑, 기쁨, 영성

컵 에이스 카드는 사랑과 기쁨이 넘치는 모습을 상징한다. 컵에서 쏟아져 나오는 분수는 열린 마음으로 진실하게 사랑을 주고받는다면 사랑은 무한한 잠재력을 지닌다는 뜻이다. 에이스는 가능성이 충만한 상태를 나타낸다. 컵 에이스는 마음을 넓히고 더 많은 기쁨을 느낄 가능성을 보여 준다. 또한 직관과 사랑, 인생을 기꺼이 받아들이는 자세라는 것을 의미한다. 당신은 정서적으로, 영적으로, 심지어 신체적으로도 건강하고 비옥하다고 느낀다. 그럴 만도 한 것이 이 카드는 임신을 의미하기도 한다.

역방향

역방향 컵 에이스 카드는 종교나 영성에 관해 너무 곧이곧대로 받아들이고 사랑과 관용의 정신을 소홀히 한 나머지 영적 성장이 저해된다는 뜻을 지닌다. 예를 들어 순수하고 비현실적인 아이디어에 집착하거나, 독실한 척하거나 친절한 척하려고 애쓰느라 실제 행동은 겸손하거나 친절하지 않을 수도 있다. 또한 컵 에이스가 역방향으로 나왔다는 것은 창의적, 정서적, 영적 불모 상태나 신체적 불임을 가리키기도 한다. 자신을 믿는 방법을 찾아보아라.

상징

성배 수용성

수련 완벽한 영성

흰 비둘기 평화

성체가 성배에 들어가는 모습 영성체(교감) 또는 생명의 불꽃이 자궁에 들어감

오른손 베푸는 손, 선물을 주다

W 또는 M (지그재그 모양) 물

세 개의 종 몸, 마음, 영혼

컵 2번

숫자 2 이중성, 균형, 선택, 파트너십

점성술 게자리에 있는 금성

키워드 파트너십, 우정, 협력

컵 2번 카드에 그려진 두 사람은 친구, 동료, 소울메이트 등 어떤 면에서 서로를 보완하는 두 사람을 가리킨다. 끌림과 협력, 조화, 균형 등의 요소가 당신을 이끌어준다.

당신은 컵 에이스 카드의 무한한 사랑을 실제 인간관계와 상호작용에 적용한다. 이 카드는 새로운 관계의 시작을 알리거나 현재의 관계 안에서 서로에게 더욱 헌신한다는 의미를 지니기도 한다.

컵 에이스

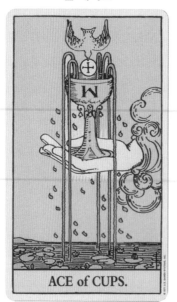

컵 2번

컵 3번

역방향

역방향 컵 2번 카드는 의사소통 오류로 관계의 균형이 상실됨을 뜻한다. 만약 인간관계에 불신과 갈등, 긴장이 있다면 열린 마음으로 의사소통함으로써 균형을 되찾고 이 카드의 정방향 의미를 회복할 수 있도록 노력해라. 양측이 계속 다투기보다는 이 문제를 해결할 가능성이 크다. 또한 컵 2번 카드가 역방향으로 나왔다는 것은 상호의존성을 뜻하기도 한다. 지금 어떻게 하면 서로의 경계를 정하고 신뢰를 키울 수 있을까?

상징

사자의 머리 활력, 연합을 통한 보호
헤르메스의 지팡이(카두세우스, 뱀이 날개 달린 막대를 휘감은 형상) 협상, 의사소통의 균형
화관 성공, 평화 **장미 화관** 사랑, 열정

컵 3번

숫자 3 통합, 창의성, 동적 균형

점성술 게자리에 있는 수성

키워드 축하, 우정, 동지애

컵 3번 카드는 가까운 친구나 가족 사이의 축하를 상징한다. 이 카드에 그려진 인물들은 우정을 위해, 또는 집단의 노력을 위해 건배를 하고 있다. 이 카드는 당신이 자기 사람들, 무리, 공동체 등 어떤 집난을 찾아냈나는 의미이기도 한다. 드디어 비슷한 생각을 지닌 사람들을 만나 그 집단 안에서 서로 아껴 주고 의미 있는 관계를 맺는다는 뜻이다.

또한 컵 3번 카드는 지금 이 시기에 당신이 격려와 응원을 얻을 수 있는 사교 집단이나 가족을 가리키기도 한다. 아니면 자신이 속한 가까운 모임에 중요한 일이 발생한다는 뜻일 때도 있다. 모임에 참여하는 어떤 사람이 감정의 돌파구를 경험하거나 새로운 사람이 모임에 합류할 수도 있고, 모임의 일원이 겪는 기쁘고 즐거운 일이 모임 전체에 정서적으로 영향을 미칠 수도 있다.

역방향

역방향일 때 컵 3번 카드는 자신이 속한 집단에 지나치게 의존하거나 어떤 일을 지나치게 성급히 축하한다는 의미가 있다. 어쩌면 당신이 왠지 하기 싫은 일을 피하려고 그러는 것일 수도 있고 정서적 또는 성적 불만족을 경험하고 있는 삶의 다른 부분에서 주의를 돌리려는 것일 수도 있다. 아니면 집단 내에서 인정받으려고 지나치게 애쓰고 있다는 뜻일 수도 있다. 당신의 삶에 존재하는 문제의 근본 원인을 찾아내 해결하기를 바란다. 그래야만 우정이 선사하는 축복을 존중하고 누릴 수 있다.

상징

박(식물) 건강과 활력

포도 풍요로움, 축제 분위기
노란색 우정, 기쁨
빨간색 활력   흰색 순수함

컵 4번

숫자 4 물질적 성공, 구조, 질서

점성술 게자리에 있는 달

키워드 휴식, 심사숙고, 지루함, 무관심

컵 3번 카드가 뜻하는 축하 이후 잠시 한숨 돌리고 혼자만의 시간을 가질 때다. 컵 4번 카드는 심사숙고와 백일몽, 명상과 고요함의 시간을 가리킨다. 이 카드에 그려진 인물이 평온한 날씨에 나무 아래에 앉아 있듯이 당신도 휴식을 즐긴다. 하지만 이런 마음 상태가 너무 오래 지속되면 정체된 기분과 지루함을 느끼기도 한다. 한없이 따분해 하면서도 지금 자신이 처한 상황을 바꾸고자 행동하는 데는 관심이 없을 수도 있다. 이 카드 속 인물이 자신에게 주어진 잔을 받아들이지 않는 것처럼 당신도 자기 앞의 기회를 무시해 버린다.

컵 4번 카드에서 우리는 휴식을 취하더라도 무관심하고 심드렁해질 만큼 지나치게 느긋함에 빠지거나 뒤로 물러서서는 안 된다는 조언을 얻을 수 있다. 다음에 살펴볼 컵 5번 카드에서는 예기치 못한 각성 없이는 예전의 상태로 돌아가기 어렵다는 것을

알게 된다.

역방향

역방향 컵 4번 카드는 다시 자신의 삶에 적극적으로 참여하고 새로운 관계까지도 기꺼이 받아들이는 모습을 상징한다. 역방향으로 나왔다는 것은 앞으로 나아간다는 뜻이다. 만약 삶이 너무나 불만스럽다면 바꾸고 싶은 것이 무엇인지 구체적으로 말해 보아라. 초대를 수락하고 멋진 삶을 만들어 낼 수 있는 자신의 능력을 받아들여라.

상징

팔짱을 끼고 다리를 겹쳐 앉은 모습 기회와 제안을 거절함
나무 보호   **푸른 하늘** 명징한 정신

컵 5번

숫자 5 변화, 도전, 불확실성, 조정

점성술 전갈자리에 있는 화성

키워드 비탄, 비애, 애도

컵 5번 카드에 그려진 인물은 아직 컵 두 개가 등 뒤에 똑바로 서 있는데도 쓰러져 있는 컵 세 개를 바라보며 슬퍼하고 있다. 이 사람은 바닥에 놓여 있는 컵과 강 건너편을 바라보고 있다. 아마도 그곳에는

잃어버린 고향이나 스스로 떠나온 집이 있을 것이다. 이 인물은 잃어버린 집에만 집착하고 있다. 과거에서 등을 돌리기만 하면 앞에 성취가 놓여 있는데 그걸 알아보지 못한다. 충분한 애도의 시기를 보낸 후에 이 사람은 슬픔 너머를 볼 수 있게 될 것이다. 자신의 삶에 여전히 기쁨과 의미가 남아 있다는 것을 알게 될 것이다.

컵 5번 카드는 당신이 사랑, 집, 일, 안정 또는 지위를 잃고 고통스러운 경험을 했다는 점을 암시한다. 사랑하는 사람을 잃었거나 헤어짐을 겪었거나 친한 친구에 대한 믿음을 잃어버렸을 수도 있다. 당신의 슬픔은 부인할 수 없을 만큼 명백하다. 슬픔이나 억눌린 감정을 표출해라. 어쩌면 어린시절이나 가족이 사는 집으로 돌아갈 수도 있다. 때로는 컵 4번 카드가 상징하는 감정의 정체기에서 벗어나려면 컵 5번 카드의 충격이 필요하다. 자신이 겪은 상실을 슬퍼하고 나서 이제 남아 있는 것들을 받아들이고 마음을 다스릴 준비를 해라.

역방향

역방향일 때는 컵 5번의 고통이 더욱 심화된다. 상실이 너무나 커서 치유가 불가능할 것만 같은 기분이 들 수도 있다. 이 시기를 잘 견뎌 내라. 비록 그런 기분이 들더라도 모든 것을 잃어버린 것은 아니다. 역방향 컵 5번 카드의 또 다른 의미는 상실에서 치유되기까지 지금껏 먼 길을 걸어왔다는 것이다. 당신은 과거의 고통을 현재의 삶 속에서 받아들이고

자 적극적인 노력을 기울이고 있다. 아마도 당신은 상실을 직시하거나 뒤로 하고 앞으로 나아가는 데 필요한 새로운 도움을 받게 될 것이다.

상징

핏자국 생명의 상실, 몸이 손상됨
물자국 영혼의 상실　　**잿빛 하늘** 불확실성

컵 6번

숫자 6 조화, 통합, 수동성

점성술 전갈자리에 있는 해

키워드 어린시절의 안락함, 향수

컵 6번 카드는 어린시절의 안락함과 편안함을 상징한다. 정원에서 놀고 있는 아이들이 그려져 있는 이 카드처럼 당신은 온화한 연민과 행복, 사랑이 깃든 달콤한 시간을 누리고 있다. 당신은 숫자 6이 뜻하는 조화와 편안한 휴식을 즐기고 있다.

어린시절의 친구들을 다시 만나거나, 어릴 때 즐겨 듣던 노래를 다시 듣거나, 예전의 행복했던 추억을 떠올리거나, 어린시절에 자기한테 중요했던 장소를 다시 찾아갈 수도 있다. 또는 스승, 부모님 또는 양육자로서 자기 삶의 일부인 아이들에게 이런 느낌을 전해줄 수도 있다. 지금 이 시기에 아이들은 당신에게 특히 중요한 의미다. 또한 아이들은 당신이

어린시절이나 내면의 아이와 계속 연결되도록 돕는다.

역방향

컵 6번 카드의 특성에 너무 깊이 빠져들면 향수에 젖어서 갈피를 잡지 못하게 된다. 컵 6번 카드가 역방향으로 나오면 장밋빛 유리를 통해 과거를 회상하고 현재의 삶을 희생하게 된다. 아니면 이 카드는 불행했던 어린시절의 기억이 떠오르는 것을 뜻할 수도 있다. 행복한 기억이든 불행한 기억이든 상관 없이 현재의 삶에 충실하고 과거에 발목을 잡히지 않도록 행동하는 것이 중요하다.

상징

탑 보호　　　　**흰색 꽃** 순수한 사랑

컵 7번

숫자 7 영성, 시험

점성술 전갈자리에 있는 금성

키워드 환상, 창의성, 유혹

만약 창의적인 프로젝트에 몰두하고 있다면 컵 7번 카드는 영감과 가능성을 상징하는 긍정적인 역할을 한다. 당신 앞에는 수많은 가능성이 열려 있고, 그 중 영감과 아이디어를 얻어서 자신의 작품에 반영한다. 하지만 어느 지점에 다다르면 단지 영감을 즐기는 것에 그치지 말고 실제 작업을 통해 자기만의 예술작품을 만들어 낼 필요가 있다.

만약 당신이 창의적인 프로젝트를 추진하고 있지 않다면 지금 주변에 존재하는 가능성이 유혹이라는 점을 깨달아야 한다. 이 카드에 그려진 컵은 각각 다른 유혹을 상징하며 이런 유혹 때문에 길에서 벗어나게 될 수도 있다. 지금 당신은 삶의 갈림길에 서 있고 희망과 만족을 가져다줄 다음 단계가 필요한 상황이기 때문에 이런 유혹이 특히 매력적으로 보일 수 있다. 인내심과 자제력을 갖춘 상태에서 의사결정을 할 수 있도록 노력하고 환상이나 지름길의 유혹에 넘어가지 마라.

역방향

역방향 7번 카드는 정방향일 때의 의미 안에 잠재돼 있는 착각을 강조한다. 당신은 누구든 대상을 이상회히고 현실보다 환상을 믿고 싶어 하는 등 겉모습에 속아 넘어갈 수도 있다. 다른 경우에는 컵 7번 카드가 환상에 넘어가지 않고 견디는 능력과 평정심을 확인해 주기도 한다. 돈, 지위, 성을 비롯한 유혹적인 기회가 잠시 나타났겠지만 당신은 그런 욕구 충족보다 좀 더 현실적인 길을 택했다는 뜻이다.

상징

매력적인 얼굴 욕망, 로맨스
장막으로 가려져 있는 형상 고차원적 의식, 유혹(쉬운 깨달음에 대한 약속)

컵 4번

컵 5번

컵 6번

컵 7번

뱀 지혜 또는 부정직한 야망

성 비현실적인 소망(실현 불가능한 꿈)

보석 풍요로움

월계관 승리, 권력

가시 돋친 혀를 지닌 용 유혹적인 위험

컵 7개 7대 죄악/유혹(음욕, 분노, 탐욕, 교만, 인색, 시기, 나태)

컵 8번

숫자 8 항해, 번영, 권위

점성술 물고기자리에 있는 토성

키워드 떠남, 방랑, 탐색

카드에는 가지런히 정돈돼 있는 컵 여덟 개가 상징하는 안정된 삶을 뒤로 하고 떠나가는 사람의 모습이 그려져 있다. 이 사람은 평온한 삶을 떠나 험난한 강을 건너고 산 속에 숨겨진 미스터리를 향해 걸어간다. 컵 8번 카드는 탐색과 자기 탐구, 성장의 시간이 필요하다는 의미를 지닌다. 현재의 삶에 실망했거나 자신의 성취를 지루해하기 때문에 당신은 더욱 큰 의미를 찾아 미지의 세계로 나아간다. 이런 소명은 불가해하기도 하고 영적이기도 하다.

만약 이 카드가 리딩할 때 자주 등장한다면 안정이나 권태가 살짝 엿보이기만 해도 그런 상황이나 관계를 떠나고 싶은 상습적 충동을 뜻할 수 있다.

어쩌면 이번에는 그대로 머물러 자기 자신의 무심한 태도에 맞서 싸우는 것이 더욱 강렬한 미지의 영역이 아닐지 생각해 보기를 바란다.

역방향

컵 8번 카드가 역방향으로 나온다면 방황을 의미할 수 있다. 당신은 끝없이 여행하고 방황하다 떠나가며 어떤 상황에 처했을 때 지나치게 빨리 포기해 버린다. 만약 당신이 가정을 찾아 헤매고 방황하고 있다면 아마도 가정을 꾸리는 데 필요한 인내심을 아직 갖추지 못해서일 것이다. 아니면 컵 8번 카드가 역방향일 때는 영적인 탐색을 마치고 집으로 돌아오는 것을 뜻할 수도 있다. 이제 그동안 배운 것을 통합해야 하기 때문일 수도 있고 탐구를 포기했기 때문일 수도 있다.

상징

빨간 망토와 부츠 권력, 힘

그믐달 내려놓음

보름달 완전한 변화

어둡고 푸른 하늘 영성

험난한 물 심란한 마음

컵 9번

숫자 9 완성, 명상, 목표 달성

점성술 물고기자리에 있는 목성

키워드 주인 노릇, 환영, 즐김

컵 9번 카드에는 자신의 삶에 만족하고 편안해 보이는 주인이 즐겁고 유쾌한 저녁을 준비하는 모습이 담겨 있다. 사람들을 환대하는 너그러운 주인 역할을 하는 것이 중요하다는 것을 알려 주는 카드다. 당신은 행복과 무조건적인 사랑의 정신으로 친구와 가족, 또는 공동체를 함께 불러모은다. 이 카드는 좋은 사람들과 함께 어울리는 파티와 모임을 가리킨다. 반면에 지팡이 4번 카드는 공식적인 성과를 축하한다는 의미가 있다. 당신은 살아 있기에 인생을 즐길 자격이 있다는 것을 안다.

컵 9번은 파티와 즐김에 대한 카드이므로 만족을 상징한다. 이상적으로 생각할 때 지금은 당신의 영혼을 살찌우고 자기 삶의 일부인 사람들을 받아들이고 사랑하는 시기다. 만약 이 카드의 표면적인 부분만 경험한다면 중요한 인간관계보다 물질로 인한 만족에 더욱 치중한다는 의미일 수도 있다. 심한 경우에는 잘난체 하는 느낌이나 현실에 안주하는 모습을 나타내기도 한다. 당신은 그저 과시하려고 파티를 여는가? 너무 편하게 살다 보니 자칫 관대함을 잃어버리거나 자신이 소중하게 여기는 것을 위해 애쓰고 노력하는 태도를 잊었는가?

전반적으로 생각할 때 지금은 파티를 열기에 좋은 시기다. 건강함에 감사하고 사랑하는 사람과 행운을 나눌 때다.

역방향

역방향 컵 9번 카드는 자기한테 즐거워할 자격이 없다고 생각하거나 어떤 것에 탐닉한다는 의미를 지닌다. 자격이 없다는 생각이 드는 건 최근에 겪은 금전적 또는 물질적으로 실망스러운 일 때문일 수도 있다. 아니면 자신이 원하는 경험을 할 자격이 없다는 잘못된 믿음 때문일 수도 있다. 다른 사람들을 대할 때처럼 자기 자신도 너그럽게 대해 보아라. 하지만 만약 당신이 다른 사람의 행복보다 자신의 물질적 만족과 탐닉을 더욱 중요시한다면 이제는 주변 사람과 더 많은 것을 함께 나누고 그들의 이야기에 귀를 기울여야 할 때다.

상징

풍만함 부, 만족

노란색 기쁨

빨간 모자 부유함

컵 10번

숫자 10 (성공이나 고난의) 절정, 시작과 끝

점성술 물고기자리에 있는 화성

키워드 가족간의 사랑, 화목함, 기쁨

컵 8번

컵 9번

컵 10번

컵 10번 카드는 가족과 행복을 상징하며 이상적인 가족으로 살아가는 모습을 나타낸다. 현재 당신의 인간관계는 만족스럽고 가족이나 공동체 구성원은 서로 있는 그대로의 모습으로 아껴준다. 이 시기는 잠시 지나가는 순간이 아니다. 지금까지 쌓아 온 유대관계는 앞으로 더욱 단단해질 것이다. 가족 안에서 의사소통과 사랑, 긍정과 지원이 점점 더 깊어질 것이다. 서로를 온전히 사랑하고 함께한다는 것에 기뻐할 수 있다.

가족 관계의 안정을 이루는 열쇠는 당신이 사람들과 상황을 있는 그대로 받아들이는 것이다. 무지개는 희망과 꿈이 실현되는 이상적인 모습을 상징하는데, 컵 10번 카드는 당신이 불완전한 인간관계 속에서도 사랑과 행복, 그리고 여러 이상을 알아볼 능력이 있다는 것을 의미한다. 당신은 가족에 대한 이상과 일치하는 삶을 살고 있다. 약간의 문제나 단점이 있더라도 괜찮다.

역방향

컵 10번 카드는 역방향이더라도 여전히 사랑과 단란함을 나타낸다. 그런데 주의를 기울여야 할 문제가 하나 있다. 당신이 생각하는 이상적인 가족은 어떤 모습인가? 다른 대상이나 사람이 조화로운 가정생활을 방해하고 있지는 않은가? 만약 그런 상황이라면 이 문제를 해결하는 데 최선을 다해라.

아니면 당신의 마음속에 가족은 '마땅히' 이런 모습이어야 한다는 이상이 실제 삶 속의 기쁨을 발견

하지 못하게 하는 것은 아닐까? 이상을 추구하거나 강화하려다가 그만 옆길로 빠져 버렸다면 그대신 자기 사람을 있는 그대로 받아들이고 사랑하는 데 중점을 두어야 한다.

상징

무지개 희망, 꿈이 이루어짐, 보상
강 다산   **작은 집** 집

컵의 견습기사

점성술 달 혹은 물고기자리에 있는 목성

키워드 순수함, 풍부한 상상력, 공상가, 고무적인 소식

컵의 견습기사 카드는 새로운 감정의 발견을 뜻한다. 컵의 견습기사에서 젊음과 순수함, 조화로움이 느껴진다. 이 카드는 당신을 가리킬 수도 있고 당신의 삶 속에 존재하는 누군가일 수도 있는데, 컵의 견습기사는 자기 자신과 다른 사람의 내면에서 영감을 찾아내고 정서적 유대를 느끼며 황홀해하는 사람을 뜻한다. 이 카드에는 컵에서 머리를 내밀고 있는 물고기를 바라보는 견습기사가 그려져 있다. 물고기는 감정, 직관, 비전을 상징하며 창의성, 친밀함, 꿈또는 상상력을 통해 드러나는 감정을 가리킨다.

컵의 견습기사는 어리거나 젊은 시인, 아티스트, 또는 몽상가를 뜻한다. 또한 아이, 젊은 사람, 또는

마음만은 젊은 어른을 가리킬 수도 있다. 이 사람은 예민하고 감성이 풍부하며 직관적이다. 일반적으로 그들은 상상력이 풍부하고 경외심이 넘친다. 그러나 컵의 견습기사는 미숙함을 뜻하기도 하며 앞으로 더 성장하고 철이 들어야 한다는 의미이기도 한다.

견습기사가 메시지를 뜻할 때도 있다. 컵의 견습기사 카드는 당신이 조만간 사랑이나 창의성과 관련된 메시지를 받게 될 것이라는 의미가 있다. 사랑하는 사람한테서 연락이 오거나 자신의 예술작품이 호평을 받았다는 소식이 들려오거나 새로운 영감을 주는 정보를 얻게 될 수도 있다.

역방향

역방향 컵의 견습기사는 미숙하고 무책임하며 충동적인 사람을 상징한다. 이런 사람은 자신의 감정에 매몰된 나머지 주변 사람을 살피지 못한다. 그렇기 때문에 당신에게 실망을 안겨 주거나 당신도 똑같이 행동하도록 부추긴다.

만약 자신에게서 이런 특징이 보인다면 창의성, 경외심, 개방성 등 컵의 견습기사 카드가 정방향일 때의 특성을 활용하고자 노력해라. 자기만의 생각에 빠져 있는 대신 이런 특성을 통해 더 많이 배우고 성장해야 한다.

상징

컵에서 나오는 물고기 꿈속의 인물과 감정이 잠재의식에서 나타남 / (이교주의에서는) 다산

수련 순수한 감정
출렁이는 물결 감정이 충만함
핑크색 사랑 　　　　**파란색** 영성

컵의 기사

점성술 전갈자리에 있는 화성 혹은 물고기자리에 있는 목성

키워드 로맨스, 이상주의, 열정, 영감

컵의 기사는 로맨틱하고 정열적인 경험을 의미한다. 당신은 로맨틱한 청혼을 받거나 새로운 연인을 만나거나 새로운 친구를 사귈 수도 있고 창의적인 프로젝트에 참여할 수도 있다.

컵의 기사는 매력적이고 사교적이며 사람들과 쉽게 잘 어울려 지낸다. 최소한 겉으로는 그렇게 보인다. 기사는 이상주의적이지만 다른 사람이나 상황이 자신의 이상에 도전하거나 이의를 제기하면 견디지 못하거나 쉽게 상처받는다. 만약 이번 리딩에서 당신이 컵의 기사라면 자신의 생각에 부응하는 행동을 할 방법을 떠올려 보아라. 열정의 힘으로 불편한 시행착오의 과정을 버텨 내라. 만약 컵의 기사가 주변의 다른 사람을 뜻한다면 그 사람의 개방성을 받아들이되 진정으로 신뢰할 수 있는 사람인지 잘 생각해 보아라. 컵의 기사가 항상 자신의 이상에 부응하는 삶을 사는 것은 아니다.

리딩에서 기사 카드가 다른 카드를 향하고 있는지 확인해라. 기사가 향한 카드는 기사의 에너지가 어느 방향으로 향하는지 보여 주거나 기사의 에너지가 드러나게 될 삶의 영역을 가리킨다.

역방향

역방향 컵의 기사 카드는 당신 또는 당신이 처한 상황에 잠재돼 있는 특성을 나타낸다. 당신은 행동하거나 감정을 표현하기를 주저하고 있다. 정서적, 창의적, 영적인 삶이 차단돼 있다. 감정을 표현하고 생각을 행동으로 옮기려고 노력한다면 상황이 다소 개선될 수 있다. 이런 상황이 발생한 이유는 거부감이나 실망감 때문일 수도 있고 거절에 대한 두려움 때문일 수도 있다. 어쩌면 로맨틱한 이상에 부합하는 관계를 고집하다가 불완전한 면이 있는 상대방을 받아들이지 못하거나 자기 자신의 결점을 드러내기를 두려워할지도 모른다. 사랑받고 사랑을 주는 것을 두려움 탓에 주저하지 마라.

한편 컵의 기사 카드가 역방향일 때는 당신 또는 연인의 강한 소유욕을 경고하는 의미이기도 하다. 이 문제를 해결해서 사랑을 제한하지 않도록 해라.

상징

날개 달린 갑옷 메시지와 의사소통, 여행의 신이자 경계를 넘나드는 헤르메스
빨간 물고기 열정
강 다산, 감정의 흐름

컵의 여왕

점성술 전갈자리에 있는 화성 혹은 물고기자리에 있는 목성

키워드 양육, 치유

컵의 여왕이 들고 있는 성배는 생명을 보살피는 행위에 대한 존경심을 나타낸다. 컵의 여왕은 사랑이 넘치는 당신 자신을 가리킬 수도 있고 (성별과 무관하게) 어머니 역할을 하는 사람을 뜻할 수도 있다. 또는 좌절된 희망이 치유되는 시기를 의미하기도 한다.

마음이 따뜻한 컵의 여왕은 다른 사람의 이야기에 귀 기울이고 이해해 준다. 이런 과정을 통해 컵의 여왕은 그들을 보살펴 주고 더욱 성장할 수 있도록 돕는다. 그 어떤 감정도 기품 있는 태도로 모두 받아들이며 상당한 결핍이 있더라도 포용한다. 당신은 컵의 여왕과 함께 있을 때 구원받는 경험을 하게 된다(만약 당신이 컵의 여왕이라면 다른 사람에게 그런 상호작용을 제공한다). 컵의 여왕은 치유자이자 어머니이며 경험을 깊이 있게 이해하고 개인 및 집단의 성장과 사랑을 지원하는 존재다.

역방향

역방향 컵의 여왕은 자신에게 소홀하다. 우울증을 겪거나 자신을 피해자로 인식하기도 한다. 감정을 조종하거나 감정적으로 진이 빠지게 만든다는 뜻을 지닌다. 만약 당신이 지금 이런 상태라면 자신의 진

컵의 견습기사

PAGE of CUPS.

컵의 기사

KNIGHT of CUPS.

QUEEN of CUPS.

KING of CUPS.

컵의 여왕

컵의 왕

정한 모습을 잊지 마라. 사람들이 당신의 따뜻한 마음과 치유력, 타인을 보살피고 헤아리는 성품은 가치 있게 여긴다는 사실을 믿어라.

상징

덮개가 씌워진 황금 성배 자궁 / 영성, 믿음
아기 인어 물 속의 아기, 자궁 안의 아이들
조약돌 세련된 지혜 / (조약돌 패턴이 반복되는 모습에서) 풍요로움

컵의 왕

점성술 물고기자리에 있는 목성

키워드 차분함, 의지할 수 있는 존재

컵의 왕은 감정의 균형을 상징한다. 출렁이는 파도 위의 돌 왕좌에 가만히 앉아 있는 컵의 왕은 스트레스를 받는 상황 속에서도 차분함과 침착함을 유지한다.

여왕의 사랑이 강렬한 치유의 힘을 지니는 반면에 왕의 사랑은 좀 더 신중하고 안정감 있고 외교적이다. 컵의 왕은 (성별에 상관없이) 아버지 역할을 하는, 믿고 의지할 수 있는 존재를 가리킨다. 일과 관련된 경우, 컵의 왕은 자신의 직관과 윤리적 기준을 따름으로써 해당 분야의 장인이 된 사람을 뜻한다.

당신이 컵의 왕의 특성을 나타낼 수도 있고 삶에서 그런 특성을 경험할 수도 있다. 열린 마음으로

비판하지 않는 안정적인 사랑을 주거나 받을 수도 있고, 차분하고 신중한 방식으로 자신의 직관을 따를 수도 있다. 또는 이런 특성의 주변 사람을 가리킬 수도 있다. 이 사람은 이미 당신의 삶에 들어왔을 수도 있다. 아니면 이제 곧 그 사람을 만나게 될 것이다.

컵의 왕은 정기적으로 신뢰하는 사람 앞에서 자신의 감정을 처리하고 표현해야 한다. 그렇게 하지 않으면 사람들의 기대만큼 차분한 태도를 유지하려고 자신의 감정을 지나치게 억누를 수 있다. 그러면 스트레스와 냉담함 또는 수치감을 겪게 될 것이다.

역방향

역방향일 때 컵의 왕은 불안, 수치심, 증오심 탓에 어려움을 겪는다. 때로는 하루를 버텨 내려고 중독에 의존하기도 한다. 가장 힘든 순간에는 사랑하는 사람을 배신한다. 만약 이 카드가 당신의 모습을 나타낸다면 감정의 균형을 찾으려고 노력해라.

상징

소라 모양의 왕좌 거친 파도 속에서도 강인함과 안정감을 유지하고 보호함 / 그리스 신화에서 바다의 신 트리톤
물고기 믿음, 번영, 열정
해파리 왕관 해파리는 조류를 받아들이고 신뢰하는 상태로 떠다니므로 평정심을 의미함

7

마이너 아르카나: 펜타클

펜타클의 가장 기본적인 뜻은 동전이다. 펜타클은 돈, 자원, 재산, 땅을 상징하며 우리가 어떤 것을 만들어 내려고 사용하는 원재료를 가리킨다. 펜타클은 안전, 집, 자연을 중시하며 상업과 일을 의미한다. 그중에서도 특히 농부, 상인, 조각가처럼 땅, 재산, 자원 등과 직접적인 연관이 있는 일을 뜻한다. 펜타클과 관련이 있는 원소는 흙이다.

• 점성술: 흙의 별자리—황소자리, 처녀지리, 염소자리

펜타클 에이스

숫자 1 일치, 시작, 힘

점성술 흙의 별자리 — 황소자리, 처녀자리, 염소자리

키워드 완벽, 만족, 번영

펜타클 에이스는 번영과 가능성을 상징하며 새로운 삶의 시작을 가리킨다. 여기서 새로운 삶은 말 그대로 탄생을 뜻할 수도 있고 승진이나 새로운 커리어의 시작 또는 새로운 집으로 이사하거나 예상치 못한 선물이나 보물을 얻고 뜻밖의 횡재를 하게 돼 새로운 변화가 생긴다는 의미일 수도 있다.

영적, 물질적 풍요로움을 상징하는 펜타클 에이스는 건강과 행복, 부, 수입, 보상, 돈을 뜻하며 자신의 창의성과 사랑, 영성, 이상을 드러내고 자유롭게 추구할 수 있게 해 주는 물질적 자원을 가리킨다. 최근에 당신이 얻게 된 새로운 기회와 자원은 무엇인가? 이런 풍요로움으로 당신은 어떤 꿈이나 인생의 목표를 실현할 수 있을까?

역방향

역방향 펜타클 에이스 카드는 금전적으로 실망스러운 상황이다. 정방향일 때의 의미처럼 번영을 경험하지만 기쁜 마음이 들지 않거나 지속적인 안정감이 없는 상태다. 당신이 얻은 소득은 순식간에 사라지고 만족스럽지 않다. 또한 역방향 펜타클 에이스는 돈에 대한 건강하지 못한 집착, 관리 소홀, 낭비, 금전적인 것만 기대하는 행동을 뜻하기도 한다. 어떻게 하면 돈을 더욱 건강하게 다룰 수 있을까?

상징

정원 피신처, 휴식과 심사숙고, 단순함, 풍요로움
정원의 담장 안전과 보호
펜타클 흙과 몸   **산꼭대기** 야심

펜타클 2번

숫자 2 이중성, 균형, 선택, 파트너십

점성술 염소자리에 있는 목성

키워드 저글링, 균형잡기

펜타클 2번 카드에 그려진 인물은 삶의 두 가지 영역을 상징하는 펜타클 두 개를 저글링하고 있다. 이 카드는 일과 삶의 균형 또는 삶의 다양한 요소를 저글링한다는 의미다. 또한 상당히 다른 두 가지 일을 하거나 연애 관계에서 양다리를 걸치는 상황을 뜻하기도 한다. 당신은 삶의 역동성 덕분에 에너지를 얻고 흥미를 느낀다.

그리고 2번 카드는 선택을 상징한다. 당신은 어떻게 시간을 활용하고 돈을 관리할지 결정을 내릴 수 있다. 지금은 균형과 조화를 우선적으로 생각해야 할 때다.

펜타클 에이스

ACE of PENTACLES.

펜타클 2번

펜타클 3번

역방향

역방향일 때 펜타클 7번 카드는 삶의 한 부분에서 균형이 깨져서 진이 빠지고 어쩔줄 모르는 상태를 암시한다. 또는 당신의 이중생활이 스스로 중시하는 가치와 충돌하거나 이 상황과 관련된 모든 사람의 행복을 저해하는 요인으로 작용한다는 뜻이다. 일과 삶의 균형이 흔들리고 있을까? 혹시 바람을 피우고 있는가? 이 상황과 관련된 모든 사람에게 가장 좋은 방향이 무엇인지 자신이 안다며 넘겨짚지 않도록 주의해라. 당신이 이런 불균형을 초래했든, 이런 상황이 일어나도록 내버려 두었든, 아니면 어떤 사람이나 상황이 당신의 시간과 자원을 지나치게 많이 잡아먹든 간에 균형을 회복할 방법을 찾아내라.

상징

높은 빨간 모자 머릿속에서 한꺼번에 여러 가지를 생각할 수 있는 능력
배 무역, 부   **파도** 활동

펜타클 3번

숫자 3 통합, 창의성, 동적 균형

점성술 염소자리에 있는 화성

키워드 뜻깊은 일, 공동 작업, 명성

펜타클 3번 카드에는 성당에서 일하고 있는 석공의 모습이 그려져 있다. 이 석공은 자신의 작업에 관한 청사진을 들고 있는 주교 및 수도사와 의논하고 있다. 영감을 얻은 석공은 영적인 비전과 진실에 맞춰 견고하고 세속적인 형태와 물질로 형상을 만들어 낸다.

당신의 삶에서 이 원형은 보람 있고 오래 지속되는 콜래버레이션, 프로젝트 또는 기업으로 나타날 수 있다. 당신은 사람들 앞에서 자신의 재능과 스킬을 보여 줄 준비가 되어 있으며 더욱 큰 목표를 위해 다른 사람들과 협력한다. 펜타클 3번 카드로 나타난 프로젝트는 몸과 마음, 영혼을 하나로 연결한다. 이 프로젝트는 많은 사람에게 도움을 주며 폭넓게 인정받고 효과는 지속적이다. 당신이 지금 참여하고 있는 뜻깊은 프로젝트는 무엇인가? 자기 자신을 넘어서서 훨씬 더 큰 목표를 달성하려고 누구와 함께 일하고 있는가?

역방향

역방향일 때 펜타클 3번 카드는 특히 커리어, 기진맥진인 상태, 번아웃 등과 관련된 지루함 또는 그저 그런 평범함을 뜻한다. 이런 상황을 변화시킬 수 있는 방법을 생각해 보아라.

상징

작업대 자기 자신을 초월하는 의식을 통해 예술적 기교로 고양된 상태
수도사 영성, 평생의 천직
주교 멘토십

성당 성전(聖殿)으로서의 몸
석조 세공 작업 많은 사람들에게 도움을 주며 오래 지속되는 영적인 프로젝트

펜타클 4번

숫자 4 물질적 성공, 구조, 질서

점성술 염소자리에 있는 해

키워드 안전함, 인색함

펜타클 4번 카드는 자신의 재산을 꼭 끌어안고 있는 구두쇠를 보여 준다. 이 구두쇠는 발로 돈을 꽉 붙들고 머리 위에 있는 돈의 균형을 맞추는 데 힘을 쓰고 관심을 기울인다. 의미 있는 프로젝트나 관계에는 그다지 관심이 없다.

이처럼 자신이 가신 것을 꽉 붙들고 있는 모습이 펜타클 4번 카드의 주제다. 4번 카드는 안정을 상징한다. 당신은 자신의 재산을 보호하는 일의 가치를 잘 알고 있고 돈을 잘 관리하고 있다. 만약 당신이 가난하거나 무책임하게 소비하던 시기를 보냈다면 지금 새로 얻은 경제적 안정을 지속할 방법을 찾아내는 것이 중요하다.

하지만 자신의 자원을 지키는 것이 책임감 있는 행동 때문이든 욕심 때문이든 이런 상태에만 갇혀 있어서는 안 된다. 재산과 돈, 시간 및 다른 자원은 모두 사람들 사이에서 흘러다녀야 한다. 또한 살아

있는 지구를 존중해야 하며 불필요하게 자원을 채취하거나 비축해서는 안 된다.

역방향

역방향일 때 펜타클 4번은 한 푼이라도 아껴야 할 절박한 상황을 가리키거나 지나치게 인색한 태도를 상징한다. 만약 당신이 실직 상태이거나 앞으로 뜻밖의 대규모 지출이 발생할 수 있는 상황이라면 당분간 최대한 돈을 아껴야 하며 지금 가지고 있는 돈을 낭비하거나 경솔하게 사용해서는 안 된다. 반면 지금 열린 마음으로 너그러운 태도를 보일 수 있는 상황이라면 자신이 가진 것을 다른 사람과 함께 나눌 때 행복을 느끼게 될 것이다.

상징

잿빛 하늘과 땅 불안한 감정
도시 가족이나 지구와 서로 연결돼 있는 유대감보나 도시적인 문제와 물질적인 즐거움에 빠져 있음
머리 위의 동전 금전 문제에 관한 걱정

펜타클 5번

숫자 5 변화, 도전, 불확실성, 조정

점성술 황소자리에 있는 수성

키워드 역경, 공동체의 회복력

펜타클 5번 카드에는 바람을 맞으며 맨발로 눈길을 터덜터덜 걸어가는 사람의 모습이 그려져 있다. 그중 한 사람은 부상을 입은 상태다. 두 사람은 넝마를 걸친 듯한 차림새이고 추위 때문에 아파 보인다. 이 카드의 주제는 금전적인 어려움, 빈곤, 상실과 결핍이다. 이렇게 어려운 상황에 부닥쳤기 때문에 병을 앓거나 우울증으로 고통받을 수도 있다. 그러나 펜타클 4번 카드의 외로운 구두쇠와는 대조적으로, 이 카드에 그려진 인물은 함께 뭉쳤고 서로를 격려하며 자신이 지닌 돈과 음식을 서로 나눈다. 펜타클 5번 카드는 비록 슬픔과 빈곤, 또는 집을 잃어서 사회에서 버림받은 기분이 들 수도 있지만 당신은 혼자가 아니라는 사실을 강조한다. 당신은 비슷한 상황에 처한 사람들과 끈끈한 유대감을 느끼며, 이들은 앞으로 오랫동안 당신의 친구가 되어줄 것이다.

당신이 자기 자신과 속한 공동체를 계속 잘 보살핀다면 상황은 변화해 서로를 일으켜 세울 수 있다. 마음속의 희망과 사랑을 잃지 않고 직관과 믿음의 길을 걸어 나간다면 열린 마음가짐으로 기회들을 포착할 수 있을 것이다. 계속 최선을 다해 나가라. 그러면 펜타클 6번 카드가 상징하는 건강과 후한 인심이 곧 손에 닿을 만큼 가까워질 것이다.

역방향

역방향일 때 펜타클 5번 카드는 병이나 감정적 상실 또는 금전적 손실에서 회복하는 것을 뜻한다. 당신은 자신의 운명을 바꾸려고 어떤 일을 했을까? 앞으로도 자신의 건강과 부를 위해 부지런히 노력해라. 당신의 회복은 자신의 손에 달려 있다.

상징

목에 걸려 있는 종 고립(나병과 관련이 있음)
스테인드 글래스에 그려진 돈이 열리는 나무 생존에 대한 집중 / 재물을 얻을 기회가 보이지 않거나 닿지 않음

펜타클 6번

숫자 6 조화, 통합, 수동성

점성술 황소자리에 있는 달

키워드 관용, 사회 정의

펜타클 6번 카드의 의미는 관용과 자선이다. 물론 귀족이 거지에게 동전 몇 닢을 던져 주는 것이 진정한 의미에서 부와 권력의 영속적인 재분배를 뜻하지는 않지만, 이 카드가 표현하고자 하는 정신은 사회 정의로 해석할 수 있다. 당신이 어느 정도 경제적 안정을 이룬 상태에서 너그러운 태도를 보이는 상황일 수도 있고 반대로 다른 사람이 당신에게 관용을 베푸는 경우일 수도 있다.

6번 카드는 조화와 균형을 상징한다. 만약 돈이 생긴다면 쓸데없는 일에 현금을 날리지 말고 당신 자신이나 다른 사람의 금전적 상황에서 균형을 맞추

는 데 그 돈을 사용해라. 이 돈은 당신의 행복을 바라는 사람한테서 받은 것이다. 만약 당신이 도움을 필요로 하는 사람에게 자원을 제공한다면 상황을 잘 파악해서 효과적이고 긍정적인 도움을 줄 수 있도록 노력하라는 의미다.

때로는 펜타클 6번 카드가 진심에서 우러나지 않은 형식적인 자선을 뜻하기도 하지만, 이 카드가 표현하려는 정신은 사람 간 자원의 진정한 균형을 이루는 행동을 가리킨다. 또한 지구와 조화를 이루면서 신중하게 자원을 활용한다는 의미가 있다.

역방향

펜타클 6번 카드가 역방향으로 나왔다는 것은 당신이 다른 사람의 관용을 당연시하거나 다른 사람이 당신의 관용을 가볍게 여긴다는 뜻이다. 자신의 자원을 세심하게 관리해라. 당신이 지니고 있는 것에 감사하고 문자 그대로나 비유적으로나 자신의 소유물이 도둑맞는 상황이 벌어지지 않도록 주의해라.

상징

저울 공정성, 균형
잿빛 하늘과 땅 불확실성, 궁핍

펜타클 7번

숫자 7 영성, 시험

점성술 황소자리에 있는 토성

키워드 투자, 불확실성, 인내

펜타클 7번 카드에는 걱정스러운 표정으로 농작물을 지켜보는 농부가 그려져 있다. 농부는 식물이 쑥쑥 자라나기를 바라는 듯하다. 펜타클 7번 카드는 당신이 상당한 시간과 에너지, 자원을 투입한 프로젝트가 이제 완료를 향해 중반 단계를 지나고 있다는 것을 의미한다. 당신은 이 프로젝트가 성공할지 실패할지 확신하지 못한다. 지금까지 먼 길을 걸어왔기에 만약 실패한다면 대단히 실망해서 어쩔 줄 모르는 지경에 이를 것이다. 다행히 펜타클 7번은 목표를 향해 꾸준히 노력한다면 당신의 프로젝트가 마침내 결실을 맺을 것이라는 의미다. 이 카드에는 인내심에 관한 교훈이 담겨 있다. 적극적으로 개선하려고 노력한다면 결국 상황이 더 악화되지는 않을 것이라는 뜻이다. 또한 노력을 기울이면 언제나 배움을 얻을 수 있다는 것을 알려 준다. 처음에 배울 거라 기대한 바와는 다를지라도 말이다.

역방향

역방향일 때 펜타클 7번 카드는 자신의 재정 상태를 확인하기를 꺼리거나 중요한 프로젝트의 진행 상황을 직시하기를 피한다는 뜻이다. 만약 당신이 해야 할 일을 미루거나 현재 눈 앞에 있는 상황의 중요성이나 결과를 부정하고 있다면 지금 처한 상황을 면

펜타클 4번

펜타클 5번

펜타클 6번

펜타클 7번

149

밀히 살펴보기를 바란다. 진행 상황을 평가하고 경고할 만한 조짐이나 문제가 없는지 알아보아라. 필요한 조치를 취하거나 조정을 거친다면 모든 일이 더욱 수월해질 것이다.

상징

산 목표, 열망   잿빛 하늘 불확실성

펜타클 8번

숫자 8 항해, 번영, 권위

점성술 처녀자리에 있는 해

키워드 힘든 일, 집중, 교육, 훈련

펜타클 8번 카드는 힘든 일을 상징한다. 이 카드에 그려져 있는 인물은 숫돌에 코를 박고 망치로 펜타클을 두드리고 있다. 말 그대로 돈을 만들고 있는 모습이다.

(만약 당신이 실제로 장인이나 견습생이 아니라면) 마치 장인이나 견습생처럼, 지금 하고 있는 일이 미래를 위한 밑거름이 될 거라고 확신하면서 당면 과제에 집중한다는 뜻이다. 지금 열중하고 있는 일 덕분에 마침내 큰 진전을 이루고 더욱 안정된 삶과 여유를 얻을 수 있게 될 것이다. 당신은 실력이 뛰어나며 펜타클 9번 카드가 뜻하는 안락함과 호화로움을 향해 나아가고 있다.

역방향

역방향일 때 펜타클 8번 카드는 지나치게 일을 열심히 하거나 반대로 충분할 만큼 열심히 일하지 않는다는 뜻이다. 당신은 지금 하고 있는 일이 만족스럽지 않거나 자신에게 어울리는 일이 아니라고 생각할 수 있다. 현재의 진로에 대한 열정이 없기 때문에 훈련이나 일에 지나치게 많은 노력이 들어가는 것처럼 여겨질 수 있다. 아니면 올바른 길로 나아가고 있지만 목표를 달성하는 데 필요한 노력을 들이는 것은 싫어한다는 의미일 수도 있다. 만약 진로를 잘못 설정했거나 지금 하고 있는 프로젝트가 적절하지 않다는 확신이 든다면 방향을 변경해 보아라.

상징

작업대 장인정신, 예술적 기교
(펜타클이 달려 있는) 나무 둥치 성장
(작업대 밑에) 버려진 동전 완벽주의
빨간색 활력   파란색 명확한 목적
검정색 작업용 앞치마 보호

펜타클 9번

숫자 9 완성, 명상, 목표 달성

점성술 처녀자리에 있는 금성

키워드 은퇴, 번영, 안락함

펜타클 9번 카드는 인생에서 자신이 이상적으로 생각하는 라이프스타일을 실현할 수 있는 시기를 가리킨다. 이 카드는 은퇴를 뜻하기도 하지만 그뿐만이 아니다. 스스로 일정을 계획하고 여가를 즐길 만한 부유함과 시간이 있는지, 자신에게 무엇이 필요한지, 시간을 어떻게 활용하고 싶은지, 어떻게 하면 자신이 중시하는 가치에 걸맞는 삶을 살 수 있는지를 깨달을 정도의 경험과 자기 이해가 있는 상황을 의미한다. 당신은 현명하고 성공을 거두었으며 성취한 것의 결실을 누릴 만한 여유가 있다. 특히 주거 환경을 개선해서 집을 아름답게 만들거나 안락함을 즐길 수도 있다.

펜타클 9번 카드는 당신이 자기만의 시간을 누릴 수 있다는 암시다. 이 카드 앞에 있는 펜타클 8번 카드에서처럼 평생 또는 한동안 열심히 일한 후 여유로운 시기를 맞이하게 된 것이다. 그리고 새로운 선택지를 탐색하기보다 원래 좋아하는 장소와 활동을 즐기는 데에 집중할 수도 있다.

혼자만의 시간이 당신에게 왜 중요한지를 분명히 파악해 보라. 마음의 평화와 행복을 느끼면서 충분히 누릴 자격이 있는 휴식을 즐기고 있는가? 아니면 사실은 대체로 사람을 믿지 못해서 교류를 피하고 있는가? 특히 당신이 속한 사회계층 바깥의 사람이 당신의 세계관에 이의를 제기해서 불편해하고 있지는 않은가? 펜타클 9번 카드에는 외로움이라는 문제가 잠재적으로 존재한다.

역방향

역방향일 때 펜타클 9번 카드는 상대적으로 여유로운 삶을 누리고 있지만 외로워하거나 심지어 우울해할 수도 있다는 것을 가리킨다. 어쩌면 그동안 커리어를 위한 삶을 살아왔는데 이제는 인간관계를 다소 소홀히 했던 자신을 후회하고 있을지도 모른다. 결코 늦지 않았으니 삶의 방향을 바꿔 사랑을 추구하고 의미 있는 관계를 맺어 보아라.

상징

정원 피난처, 휴식과 여가 활동, 풍요로움

정원의 담장 안전과 보호

달팽이 집

포도 노력의 결실

매 여가, 교양 / 훈련된 새는 절제력을 지닌 마음을 가리킴

성 모양의 집 안전　　**노란 하늘** 의식, 기쁨

펜타클 10번

숫자 10 (성공이나 고난의) 절정, 시작과 끝

점성술 처녀자리에 있는 수성

키워드 세대, 공동체의 자원, 기반

펜타클 10번 카드에는 각기 다른 세대가 모인 가족이 애완견 두 마리와 함께 행복하게 지내는 모습이

펜타클 8번

펜타클 9번

펜타클 10번

그려져 있다. 그들은 넓고 안전한 집에서 안심하고 편안하게 살아간다. 그림에는 여러 세대에 걸쳐서 축적된 자원이 표현돼 있는데, 이 카드는 영적, 물질적 자원이나 구성원의 재주가 풍부한 공동체를 뜻하기도 한다.

펜타클 10번 카드는 당신이 속한 공동체에서 도움을 주고받거나 어떤 공동체에 합류한다는 뜻이 있다. 예를 들어 결혼해서 새로운 가족을 이루거나 학교 등 학문 기관에 합격하거나 여러 세대로 이루어진 집단의 일원이 된다는 뜻이다.

이 카드에는 펜타클이 생명의 나무 형태로 그려져 있다. 이는 가족이나 공동체의 지원으로 세속적인 이상뿐 아니라 영적인 이상도 이룰 수 있는 기반이 마련되었다는 것을 나타낸다.

역방향

역방향일 때 펜타클 10번 카드는 불균형, 긴장, 가족이나 공동체의 세대간 갈등을 의미한다. 금전, 재산, 상속, 유산, 가치관의 차이 등이 원인으로 작용할 수 있다. 하지만 아마도 당신의 가족은 정신적으로나 물질적으로나 흩어져 있을 때보다 한데 뭉쳤을 때 더욱 안정감이 있을 것이다.

상징

탑 안전과 보호 / 섹슈얼리티와 생식(生殖)
포도 덩굴이 그려진 가부장의 망토 노력의 결실, 펜타클의 왕

그레이하운드 귀족, 고귀함
(기둥에 새겨진) 저울 균형, 조화
생명의 나무 바탕이 되는 영적 구(球)와 통로

펜타클의 견습기사

점성술 황소자리에 있는 금성

키워드 견습생, 근면 성실, 경외심, 금전에 관한 희소식

펜타클의 견습기사는 일종의 견습생을 가리킨다. 이 카드에 그려져 있는 견습기사의 놀라워하는 표정에서 알 수 있듯이, 그들은 새로운 기술을 배우고 자기에게 주어진 일에서 영감을 얻고 경외심을 느낀다.

견습기사는 젊은 사람 또는 마음이 젊은 사람을 뜻한다. 펜타클의 견습기사 카드는 어떤 기술이나 사업, 학문 분야에서 발전 단계에 있는 젊은이를 가리킨다. 재능을 계발하는 훈련을 받을 수도 있고 새로운 업계를 배워나갈 수도 있다.

펜타클의 견습기사는 부지런하다. 지금 이 상황의 실질적인 문제를 잘 다루어라. 제때 공과금을 납부하고 재산을 잘 관리하고 일정 관리에 신경쓰는 등 일상생활이 순조롭게 굴러갈 수 있도록 노력해라. 만약 펜타클의 견습기사가 당신을 상징한다면 아마도 지금의 훈련 기간을 거치고 생활을 세세하게 관리하면 커리어 측면에서 성공하리라고 낙관해도

될 것이다. 한편 펜타클의 견습기사가 어떤 사람이나 영향력을 뜻하는 게 아니라 전달자 또는 메시지 역할을 하는 경우에 돈, 커리어, 교육과 관련된 희소식을 듣게 될 거라는 의미다.

역방향

역방향일 때 펜타클의 견습기사는 근면 성실함이 부족하거나 물질만능주의에 빠져 있거나 낭비가 심하다. 혹시 당신 또는 (자녀 등) 다른 사람이 당신의 재산이나 돈을 무책임하게 쓰고 있지는 않은가? 펜타클의 견습기사 카드가 역방향으로 나왔다는 것은 달갑지 않은 금전 관련 소식이나 재산에 관련한 안좋은 소식이 들려온다는 의미다. 펜타클의 견습기사 카드가 정방향일 때의 특성처럼 긍정적인 마음가짐을 지니고 상황을 다시 정돈하려고 노력해라.

싱징

들판 다산, 성장   산 열망
빨간색 활력   녹색 배움

펜타클의 기사

점성술 처녀자리에 있는 수성

키워드 부양자, 책임감 있는 태도, 건설, 안전

펜타클의 견습기사가 자신의 일이나 학문 분야에서

어느 정도 경험을 쌓고 유능해지면 견습 기간을 마치고 펜타클의 기사가 된다. 펜타클의 기사는 일이나 책임과 관련된 문제에 대해 강한 목적의식을 가지고 있지만 아직 펜타클의 왕이나 여왕이 되기에는 기술을 완벽하게 익히지 못한 상태다.

지금은 오락가락하고 시행착오를 겪는 시기다. 하지만 전반적으로 생각할 때 펜타클의 기사는 탄탄하고 장기적인 비전이 있다. 카드에 그려져 있는 기사의 헬멧과 말의 머리는 참나무 잎으로 장식돼 있다. 이는 도토리가 나무 전체의 청사진을 담고 있듯이 펜타클의 기사도 자신감과 인내심으로 성공의 씨앗을 심을 수 있다는 것을 의미한다.

펜타클의 기사는 무언가를 짓고 있다. 당신 또는 주변의 누군가가 열심히 일하고 있다는 뜻인데, 문자 그대로 건설이나 부동산과 관련된 일을 할 수도 있고 금융 분야에 종사할 수도 있다. 만약 펜타클의 기사가 당신을 상징한다면 체계적으로 기술을 연마하거나 지식을 늘리고, 프로젝트를 발전시키고, 집을 찾거나 확보하고, 자신의 커리어나 수입을 쌓아나간다.

사람 또는 파트너로서 펜타클의 기사는 부양자가 되기로 맹세한다. (돈과 물질적 지원을 완벽하게 갖춘 펜타클의 왕과 비교할 때 기사는 점차 부양자가 되어가는 과정을 거친다.) 그들은 안정성과 안전을 중시하며 모든 것을 미리 계획한다. 다만 기사의 참을성 있는 태도가 때로는 타성과 고집으로 이어질 수 있음을 기억하고 주의할 필요가 있다.

역방향

역방향일 때 펜타클의 기사 카드는 정방향일 때의 의미 중에서 타성과 고집 등 부정적인 부분이 극대화된다. 역방향 펜타클의 기사는 지나치게 냉소적이고 조심스러워서 스스로 어떤 일을 해낼 수 있는 동기를 부여하지 못한다. 돈과 관련된 문제에 인색한 태도를 보일 수도 있다. 펜타클의 기사 카드가 정방향일 때는 부양자와 보호자를 의미하지만 역방향일 때는 물질적 욕구에 집착하거나 자신의 소지품, 자원, 커리어를 방치하는 등 주변 사람들을 챙기는 데 소홀한 모습을 보인다.

상징

참나무 잎 단단한 나무는 씨앗에서 시작된다
검은 말 보호
노란 하늘 합리성
진홍색 꾸준하고 과소평가된 힘과 생명력

펜타클의 여왕

점성술 염소자리에 있는 토성

키워드 다재다능한, 실용적인, 관대한

다재다능하고 실용적인 특성이 있는 펜타클의 여왕은 주로 기업인, 사업가, 주부 등 실용적인 기술을 직접 발휘하거나 재무와 관련된 능력이 필요한 직종에 종사하는 사람을 가리킨다. 그들은 미적 경험에 재산을 투자하거나 자선 및 박애주의적 활동으로 다른 사람을 지원한다. 펜타클의 여왕은 모든 사람이 안정감을 느끼고 도움을 받을 수 있도록 자원을 잘 활용하는 능력이다.

펜타클의 여왕 카드는 당신이 금전적으로 편안하고 여유 있는 상태이며 실용적인 생각을 지녔다는 것을 의미한다. 아니면 이런 특성이 있는 사람에게서 지원을 받는다는 뜻일 수도 있다. 만약 당신이 펜타클의 여왕이라면 주변 사람에게 애정어린 손길로 실질적인 도움을 제공할 방법을 찾아낸다. 세심하게 집을 꾸미는 데 관심을 기울이며 집에 오는 사람이 안식처에 온 듯한 기분을 느낄 수 있게 한다. 이런 경향이 강한 펜타클의 여왕은 창의성이나 무조건적인 사랑보다 질서정연함을 중시한다.

역방향

역방향일 때 펜타클의 여왕은 후원자가 아니라 다른 사람에게 의존하는 사람이 된다. 자신의 자원을 방치하거나 관리를 소홀히 하기도 하며 심지어 빚더미에 오를 수도 있다. 한편 역방향 펜타클의 여왕은 자신의 역할을 수행하는 데 지나치게 몰두한 나머지 다른 사람은 잘 챙겨 주면서 정작 자기 자신은 소홀히 할 수도 있다. 만약 당신이 대접받지 못한다는 생각이 들거나 챙겨 주는 사람들에게 화가 난다면 한발짝 물러서서 과연 책임감 있게 자신을 잘 돌보았는지 자문해 보아라. 자기 자신이 건강하고 안정감을 느낄 때 다른 사람들에게도 사랑에서 우러난 최고의 도움을 줄 수 있다는 사실을 명심해라.

상징

토끼, 꽃송이 봄, 다산, 행운　　**배** 다산
돌에 새겨진 염소 머리 열심히 일하고 실용적인 성향이 있는 염소자리의 사람 / 판 신(세속적인 관능성)
노란 하늘 합리성　　**산** 열망

펜타클의 왕

점성술 황소자리에 있는 금성

키워드 부양자, 인정받는, 안전

펜타클의 왕과 여왕은 여러 면에서 서로 비슷하다. 둘 다 땅, 돈, 재신과 관련된 일을 하고 자신의 시간과 물질적 자원을 관대하게 사용한다. 왕이 안전을 중시하기 때문에 모든 사람을 부양하고 안전하게 지키려고 자원을 관리한다면, 여왕은 보호보다 도움에 치중한다는 점이 가장 큰 차이점이다. 정원사인 여왕은 개개인에게 맞춰서 행동하는 반면에 주로 농업을 관장하는 왕은 좀 더 체계적으로 행동한다.

　펜타클의 왕은 돈과 시간 등 자원 관리 전문가다. 왕은 능수능란한 관리 기술을 활용해 자신의 가족을 부양한다.

　펜타클의 왕은 자기 가족을 안전하게 지키는 역할을 수행하는 것에 큰 의미를 두지만 만약 균형을 잃으면 자신의 재산과 경계, 가족을 과보호하는 행동을 하기도 한다.

역방향

역방향일 때 펜타클의 왕은 자원 관리를 열심히 해야 할 목적을 잃어버린다. 자신의 가족과 공동체를 부양하는 대신 도덕관념을 소홀히 하고 자기 자신을 위한 부의 추구에만 힘쓴다. 물질적 이득과 번지르르한 겉모습에 집착한 나머지 부패를 저지르거나 도박 같은 어리석은 투자를 했다가 엄청난 빚을 지게 될 수도 있다.

상징

포도 덩굴 노력의 결실, 풍요로움
황소 머리 황소자리
멧돼지 머리 위에 오른발을 올린 모습 동물적 본능을 사세함
갑옷 전사
왕관의 백합 문양(FLEURS-DE-LIS) 고대 이집트에서 다산의 상징
검은 예복 보호
성 요새, 안전
공 모양의 셉터 세속적인 차원의 통치권
월계관 승리, 힘

펜타클의 견습기사

PAGE of PENTACLES.

펜타클의 기사

KNIGHT of PENTACLES.

QUEEN of PENTACLES.

펜타클의 여왕

KING of PENTACLES.

펜타클의 왕

마이너 아르카나: 검

검은 마음과 생각, 지성의 영역을 상징한다. 검과 마음은 둘 다 지배가 목적인 싸움에서 도구로 쓰인다. 이 슈트는 예리한 생각과 비판적 사고 능력을 의미하며 다른 사람과의 갈등을 나타내기도 한다. 공격성, 고통, 불안뿐 아니라 이성, 명료함, 객관성도 검의 특징에 해당한다. 검은 의사소통과 이데올로기, 패러다임을 관장하며 검과 관련된 원소는 공기다.

• 점성술: 공기의 별자리—쌍둥이자리, 천칭자리, 물병자리

검 에이스

숫자 1 일치, 시작, 힘

점성술 공기의 별자리 — 쌍둥이자리, 천칭자리, 물병자리

키워드 지성, 성공, 결정

검 에이스 카드는 지성의 무한한 힘을 상징한다. 당신은 자신의 지적 에너지를 활용해 놀라운 성과를 이뤄 낼 기회를 얻게 될 것이다.

글쓰기, 출판 및 명민한 정신이 필요한 분야에서 당신에게 기회가 이미 왔거나 지금 다가오고 있다. 이런 기회는 성공과 승리의 기쁨을 약속하며 당신은 자신의 분야에서 리더가 될 수 있다. 지금의 결정과 행동이 더 나은 삶을 선사하고 마음의 상태도 나아질 것이다. 당신 주변의 공기에서 느껴지는 잠재력을 믿어보아라.

역방향

역방향일 때는 검 에이스 카드의 긍정적인 적극성이 갈등을 유발하고 파괴적인 일에 쓰인다. 당신을 짜증나게 만드는 사람과 다투거나 그 사람을 쓰러뜨리고 싶은 충동에 유의해라. 양심의 소리에 귀기울이고 마음이 이끄는 대로 행동해라.

상징

왕관 신성한 힘

월계수 장식 승리
박태기나무 장식 지혜
산 열망

검 2번

숫자 2 이중성, 균형, 선택, 파트너십

점성술 천칭자리에 있는 달

키워드 우유부단함, 머뭇거림, 직관

검 2번 카드는 우유부단함과 교착 상태를 상징한다. 어느 쪽을 택하더라도 고통이 따르기 때문에 결정을 내리기 어려운 상황에 부닥쳤다는 뜻이다. 눈가리개는 여러 선택지를 저울질할 수 있는 시력이나 이성적인 생각이 부족하다는 것을 나타낸다. 밤하늘과 달은 내면에서 답을 찾아야 한다는 것을 의미한다.

자신의 직관에서, 혹은 외부의 삶 속에서 저절로 답이 떠오를 때까지 참을성 있게 기다려라. 어쩌면 일단 해결되지 않은 상태로 남겨 두고 조금 더 지켜봐야 할지도 모른다.

역방향

역방향 검 2번 카드는 잘못된 판단과 선택을 가리킨다. 문제를 해결하려다가 편가르기를 한 셈이 되었다. 이성적으로 결정하거나 해결책을 찾을 수 있는 상황인데도 당신은 이에 반하는 결정을 내렸다.

검 에이스

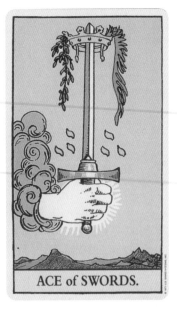

검 2번

검 3번

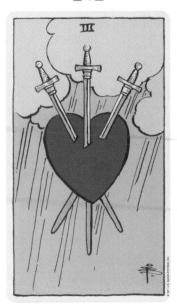

검 4번

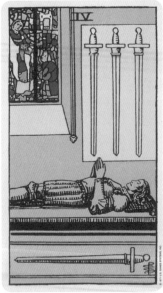

검 5번

아니면 역방향 검 2번 카드는 한동안 우유부단한 시기를 거친 후에 이제 마음을 먹게 됐다는 것을 뜻하기도 한다. 파트너십과 관련해서 이 카드는 조종, 속임수, 심지어 근본적인 불일치를 암시한다.

상징

초승달 성장, 새로운 시작
바위가 많은 물가 혼란스러운 감정
눈가리개 이성적인 생각으로 답을 찾기 어려운 상황에 처해 있음
밤하늘, 달 직관

검 3번

숫자 3 통합, 창의성, 동적 균형

점성술 천칭자리에 있는 토성

키워드 슬픔, 비통, 카타르시스

검 3번 카드는 슬픔과 상처를 뜻한다. 당신은 가슴 아픈 일을 겪었고 아마도 의사소통, 이데올로기, 지적 패러다임, 경쟁심, 적개심 등 검의 슈트와 관련된 문제가 상처의 원인일 것이다. 공격을 당했거나 최근 고통스러운 진실을 직시해야 하는 상황을 겪었는지도 모른다.

이 카드에 비가 쏟아지는 모습이 그려져 있다는 것은 그래도 당신이 이런 고통을 표현할 수 있음을 의미한다. 고통을 표현하면 안도감과 카타르시스를 느낄 수 있고 슬픔을 통해 사랑하는 사람과 특별한 교감을 나눌 수 있다.

검 3번 카드는 마음속에 감정을 담아두지 말고 표현해야만 그런 감정에서 벗어날 수 있다는 교훈을 준다. 당신의 감정을 놓아준다면 현재의 상황을 딛고 일어날 수 있는 힘과 확신이 생길 것이다.

역방향

정방향일 때와 마찬가지로 역방향 검 3번 카드는 상실과 고통을 상징한다. 그런데 정방향일 때만큼 고통이 극심하지는 않고 다소 약화된 상태다. 지나치게 생각이 많거나 추상적으로 생각하거나 분류하는 등 검의 특성이 극대화됐기 때문에 이런 고통이 유발되는지도 모른다.

상징

잿빛 하늘 혼란
비 카타르시스, 안도, 정화, 스트레스

검 4번

숫자 4 물질적 성공, 구조, 질서

점성술 천칭자리에 있는 목성

키워드 회복, 휴식, 심사숙고

중세 유럽에는 기사가 전투에 임하기 전에 자신의 관을 마련해 두는 관습이 있었다. 만약 기사가 전투에서 살아 돌아온다면 그 관에 누워서 삶과 죽음, 운명의 가능성을 명상하기도 했다. 검 4번 카드에 바로 이런 장면이 그려져 있다. 마치 관에 누워 있는 기사처럼 당신이 존재론적 문제들과 씨름하고 있다는 뜻이다.

검 4번 카드는 (앞에 나온 검 3번 카드에서 겪은 가슴아픈 일을 비롯한) 상처나 사고, 질병에서 회복해야 한다는 의미를 지닌다. 당신은 확신을 지키려고 싸우거나 자신이 사랑하는 일을 하는 과정에서 상처를 입었을 수도 있다. 지금은 휴식과 회복이 필요한 시기다. 휴식이 필요한데도 그냥 버텨 보려고 애쓰느라 에너지를 낭비하지 마라. 자기 자신에게 치유의 시간을 허락해라.

역방향

역방향일 때 검 4번 카드는 당신에게 상당한 휴식이나 긴 회복의 시간이 필요하다는 것을 알려 준다. 일을 조금 줄이고 휴식에 더 많은 시간을 할애해야 한다. (사랑하는 사람에 대한 폭넓은 책임감 때문에) 잠시도 휴식을 취할 수 없다면 믿음과 영성을 통해 답을 찾고 용기를 얻어라.

상징

관 인간의 유한성, 안식
스테인드 글래스 창문 가족과 집, 성스러운 공간을

떠올림

검 5번

숫자 5 변화, 도전, 불확실성, 조정

점성술 물병자리에 있는 금성

키워드 갈등, 실패, 패배

검 5번 카드는 갈등, 나쁜 스포츠맨십, 부당한 이점을 의미한다. 일반적으로 가족과의 다툼에서 지거나 공정하지 못한 상사 또는 시스템에 맞서 싸우는 등 실패를 뜻하는 것으로 해석된다. 그런데 이 카드를 다르게 해석하면 타인을 억압하거나 지나치게 경쟁심이 강한 사람이 바로 당신일 수도 있다.

검 5번 카드에는 칼싸움에서 이긴 사람이 패배한 두 사람을 돌아보며 우쭐대는 모습이 그려져 있다. 패배자 중 하나는 두 손에 얼굴을 파묻고 있고 다른 하나는 낙심해서 떠나가고 있다. 이 카드는 악의를 지닌 승자와 속상하고 화난 패자를 뜻한다. 이런 상황의 바탕에는 패배와 성공의 가혹한 이분법이 자리하고 있다. 패자는 슬퍼하며 실의에 빠지고 승자는 흐뭇해하며 자화자찬한다. 이와 같은 사고방식은 우리가 서로 연결되어 있는 현실을 무시하며, 배우고 성장하는 데 필요한 탐색과 연약함, 놀이 감각을 저해한다. 이 카드 속의 상황은 불공평하고 가혹해서 상호 연결과 창의성을 약화시킨다.

역방향

역방향일 때 검 5번 카드는 현재 벌어지고 있는 싸움이 불공평함을 강조한다. 괴롭힘이나 억압의 가해자일 수도 있고 피해자일 수도 있다. 어느 쪽이든 간에 자신의 분노와 실망을 잘 다스릴 수 있는 건설적인 방법을 찾아보아라. 만약 당신이 유리한 상황이라면 고소해하거나 계속 싸움을 지속하려 하지 마라. 만약 자신과 관련이 없는 이기적인 싸움에 휘말린 상태라면 그런 상황에서 벗어나서 앞으로 나아갈 수 있는 방법을 찾아보아라.

상징

삐죽빼죽한 먹구름 불화
빨간색 활력
녹색 경험 부족
거친 물결 불안한 감정

검 6번

숫자 6 조화, 통합, 수동성

점성술 물병자리에 있는 수성

키워드 여행, 관점, 앞으로 나아감

검 6번 카드는 일상에서 한 걸음 물러나 여행을 떠나는 것을 뜻한다. 단지 시간을 내서 쉬는 것일 수도 있고 슬픔이나 힘겨운 관계를 뒤로 하고 앞으로 나아가는 것일 수도 있다. 이처럼 여행을 떠나거나 앞으로 나아가는 시간을 보내며 그동안 삶의 자질구레한 일들만 챙기던 좁은 시야에서 벗어나 멀리 떨어진 거리에서 폭넓은 관점으로 상황을 바라볼 수 있게 된다. 새로운 관점 덕분에 평화와 조화를 얻게 될 것이다. 또한 당신이 무엇을 가치 있게 생각하는지, 지금 어떻게 살아가고 있는지를 곰곰이 생각해보는 계기가 된다. 이 여정은 편안한 휴식 및 영성과 관련이 있다.

이 카드에는 어른과 아이가 배를 타고 물을 건너는 모습이 그려져 있다. 배의 한쪽에만 잔물결이 일고 있는데, 이는 당신이 여행이나 휴가를 떠나거나 아니면 이 상황이 끝날 때까지 참고 기다리는 중이라서 소란스러운 일상을 차분하고 평화로운 관점으로 바라본다는 것을 의미한다.

역방향

역방향 검 6번 카드는 어려운 상황에서 빠져나오거나 달아나기 힘들다는 뜻이다. 어쩌면 당신은 상황에 갇혀 좌절하고 있을지도 모른다. 이 카드는 그동안 당신이 걸어온 길이 올바른 방향이었는지를 돌아보게 만들고 지금 정말로 떠나야 할 시기인지 재고하라는 조언을 건넨다. 지금 이 순간에 당신이 필요할 수도 있고 현재의 상황에서 더 배울 점이 많을 수도 있다.

상징

옅은 잿빛 하늘 중립성

잔잔한 물 차분한 마음

잔물결 어려움 또는 슬픔

검 7번

숫자 7 영성, 시험

점성술 물병자리에 있는 달

키워드 몰래, 계산적인, 훔침

검 7번 카드에는 어떤 사람이 검 여러 개를 들고 슬 그머니 도망치는 모습이 그려져 있다. 이 사람은 영 리하고 똑똑하며 교묘하게 빠져나간다. 어떤 상황과 그 안의 역학 관계 및 사람을 영리하게 파악해서 자 신이 원하는 바를 얻어낸다.

상황에 따라 이 사람은 재치 있게 또는 이기적으 로 대립을 피하거나 기지를 발휘해서 억압받는 상황 에서 벗어날 수도 있다. 또는 거짓말을 하거나 회피 하거나 뭔가를 훔칠 수도 있다.

원하는 것을 얻고자 어떤 방법을 활용하고 있는 지 자세히 살펴보아라. 당신은 양심에 거리낌 없는 행동을 하고 있는가? 왜 들키는 것을 두려워하는가?

한편 이 카드를 추상적으로 흥미롭게 해석해 보 면 자기 내면의 기준이나 비판으로부터 달아나서 보 다 진정성 있는 태도를 취하거나 창의력을 발휘한다

는 의미가 있다.

역방향

역방향 검 7번 카드는 당신이 비윤리적인 행동을 한 다는 뜻이다. 자신의 선택지를 재고해 보아라. 또한 역방향일 때는 당신이 부정직하고 신뢰할 수 없는 사람을 다룬다는 의미를 갖기도 한다. 사실관계를 따져 보고 책임감이 있는지 확인해 보아라.

상징

텐트 덧없음, 일시적임

노란색 의식, 백주대낮에 슬그머니 도망침

검 8번

숫자 8 횡해, 번영, 권위

점성술 쌍둥이자리에 있는 목성

키워드 마비, 제약, 배척

검 8번 카드는 마비 상태를 뜻한다. 눈가리개를 하 고 온몸이 결박된 카드 속 인물처럼 당신은 (진흙 바 닥에 꽂혀 있는 여덟 개의 칼처럼) 지나치게 많은 선택 지에 둘러싸여 궁지에 빠진 기분이 들지도 모른다. 선택 가능한 것들은 모두 시간을 너무 많이 잡아먹 는 일이거나 터무니없는 상황을 초래하는 일처럼 보 인다. 어쩌면 당신은 스트레스가 심하거나 생각이

너무 많아 여러 길의 차이를 구분하지 못할 수도 있다. 아니면 다른 사람이 당신의 운명을 결정하는 상황에 처했을지도 모른다. 그들은 이 상황에서 당신이 모르는 부분도 알고 있다.

만약 당신이 검 8번 카드에 묘사돼 있는 상황에 부닥쳤다면 궁지에 몰린 기분이 들 것이다. 이때 창의력을 발휘해 지금의 패러다임을 뛰어넘는 것만이 유일한 탈출구처럼 여겨질지도 모른다. 때로는 어렵고 힘든 상황에 처한 현실이 촉매로 작용해 대단한 발명이나 사회 운동, 예술작품이 탄생하기도 한다.

역방향

검 8번 카드가 역방향으로 나오면 정방향일 때의 의미를 줄인다. 당신은 심각한 무력감을 느낄 수도 있고 정신적인 우유부단함이나 고립 상태가 수치심, 죄책감, 후회 등의 감정으로 나타날 수 있다. 다시한번 창의력과 애정을 발휘해서 이 상황에서 벗어날수 있도록 노력해라. 그런데 때로는 역방향 검 8번 카드는 여러 제약에서 벗어난다는 뜻이기도 하다.

상징

얕은 물, 웅덩이 얄팍함, 어떤 상황의 표면이나 바깥에서 궁지에 빠진 상태
멀리 보이는 성 사회에서 버림받고 소외됨
빨간색 활력, 절제된 생명력

검 9번

숫자 9 완성, 명상, 목표 달성

점성술 쌍둥이자리에 있는 화성

키워드 불안, 공황 상태, 불면증

검 9번 카드에는 심각한 불안에 시달리다가 밤잠을 이루지 못하고 걱정하는 사람이 그려져 있다. 이 카드는 공황 상태, 불면증, 악몽을 뜻한다. 카드 속 인물은 직접적으로 위험한 상황에 부닥쳤다기보다 외상 후 스트레스를 받고 있거나 자기 자신 또는 자신이 사랑하는 사람에게 어떤 일이 닥칠까 두려워서 전전긍긍하고 있다.

검의 슈트에는 추상적인 에너지가 있다. 두려움을 느끼고 정보가 부족하고 개입하기 힘든 상황은 혼자 있다는 사실 때문에 더욱 심해져서 이제는 마비 상태에 빠진 듯한 기분이 들 수도 있다. 또한 당신은 마음 고생을 하고 있을지도 모른다. 과거에 실패했던 경험에 매몰된 나머지 지금 현재 삶에서 일어나고 있는 일들을 제대로 파악하지 못할 수도 있다.

당신은 어떤 걱정 탓에 밤잠을 이루지 못하는가? 어떤 문제건 간에 안정감을 찾고 다른 사람과 상호 교감을 느낄 수 있도록 최선의 노력을 다해라.

역방향

역방향 검 9번 카드는 당신이 정신적으로 가장 괴로

검 6번

검 7번

검 8번

검 9번

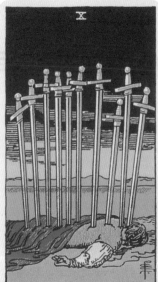

검 10번

✝

검

운 순간을 이미 겪어냈다는 것을 분명히 알려 준다. 이 시기에서 최악의 순간은 이제 다 지나갔다. 전반적으로 볼 때 현재의 불안한 시기가 당신의 인생에 오래 지속되는 부정적인 영향을 주지는 않을 것이다.

상징
퀼트 이불의 황도 12궁 무늬 삶의 다양한 영역에 걱정거리가 많음

자주색 매트리스 직관(여기서는 매트리스의 안락함은 고려하지 않음)

장미 정열, 간절한 고민

검 10번

숫자 10 (성공이나 고난의) 절정, 시작과 끝
___
점성술 처녀자리에 있는 수성
___
키워드 배신, 험담, 해소

검 10번 카드에는 등 뒤에서 칼을 맞은 사람이 그려져 있다. 만약 이 카드가 당신을 상징한다면 누군가가 증오심과 질투심, 복수심에 불타 당신을 배신했거나 공격했을 것이다. 당신이 남들과 다르게 행동하는 경향 때문에 그 사람이 당신에게 보복했을 가능성이 있다. 당신은 주변 사람들에게 상당한 영향력을 끼치는 존재다. 당신의 존재 양식은 다른 사람들로 하여금 자기 자신을 돌아보게 만든다. 당신을

공격하거나 배신한 사람(들)은 자기 내면에서 발견한 것이 마음에 들지 않았기 때문에 당신을 탓했다. 이런 상황은 혹독한 시련에 해당한다.

그렇다고 당신이 이 세상에 긍정적인 영향을 미쳤다는 사실을 간과하지는 마라. 이제 모든 게 더 나아질 일만 남았다. 지금의 시련은 유해한 사람들 틈에서 당신을 구하고 그들을 삶에서 놓아 주기 위한 것이란 점을 믿어라. 다시 이런 상황이 일어나도록 내버려 두지 말고 끈기와 인내로 이겨 내고 앞으로 나아가기를 바란다.

역방향
역방향 검 10번 카드는 이렇게 끔찍한 상황이 벌어진 데는 최소한 어느 정도 당신에게 책임이 있다는 것을 의미한다. 또는 이 상황이 더 많은 결과를 드러내 보일 것이라는 뜻이다. 수정하거나 인생이 흘러가는 방향을 통제하기에 너무 늦은 때란 없다.

상징
손동작(축복) 사회에 미치는 영향
까만 하늘 망각
언뜻 보이는 노란 하늘 희미한 희망
흐르는 피 해방, 해독

검의 견습기사

점성술 쌍둥이자리에 있는 수성

키워드 영리한, 경쟁적인, 사소한 파워 플레이, 유용한 정보 또는 계약

검의 견습기사의 가장 중요한 특징은 어렵고 긴장되는 상황이나 갈등을 기회로 바꾼다는 것이다. 검의 견습기사는 똑똑하고 재치가 넘치고 전략적이며 자신의 생각을 효과적으로 전달한다. 야심차지만 때로는 깊이가 없고 얄팍하기도 하다.

검의 견습기사 카드는 당신이 지닌 특성을 가리킬 수도 있고 검의 견습기사의 특성을 지닌 다른 사람이 현재 당신의 인생에 미치는 영향을 뜻할 수도 있다. 견습기사는 자신이 속한 슈트의 영역을 배워 나가는 초심자다. 검의 슈트가 마음과 생각, 지성을 상징하듯이 검의 견습기사는 어떤 상황이 권력 관계를 놀라우리만치 잘 파악하는 영리한 젊은 사람(또는 마음만은 젊은 사람)을 가리킨다. 그들의 기술은 아직 완벽한 상태가 아니지만 그렇기 때문에 갑작스럽고 놀라운 통찰력이 있기도 하다. 검의 견습기사는 남을 재단하거나 자신의 평가를 과신하는 실수를 범할 수도 있다. 또한 견습기사는 당신에게 어떤 메시지가 전해질 예정이라는 뜻이다. 검의 슈트가 지성의 영역을 상징하므로 아마도 검의 견습기사는 유용한 정보를 알려 주거나 계약을 성사시킬 것이다.

역방향

역방향 검의 견습기사 카드를 지배하는 것은 뒷담화다. 당신은 자신의 지성을 갈고 닦는 일보다 평판을 더욱 걱정하며 자신의 행동을 남들이 어떻게 생각할지 두려워하고 있다. 아니면 다른 사람의 평판을 손상시키고 그들을 조종하려고 소문을 퍼트리고 있다. 남의 말을 하기 좋아하는 사람들이나 소문이 당신의 사고방식에 영향을 미치도록 내버려 두지 마라. 당신은 이보다 더 나은 사람이다.

상징

얕은 언덕에 서 있는 모습 다소 경쟁심이 있음
바람 부는 날 불안정
새떼 집단 역학, 공기, 생각

검의 기사

점성술 쌍둥이자리에 있는 수성

키워드 지적인, 대립, 옹호

검의 기사 카드는 지적인 열정을 상징한다. 가장 좋은 경우 검의 기사는 어떤 것을 지지하고 옹호하는 사람을 가리킨다. 그들은 이 전투에 참여한 유일한 기사이며 대립하고 강하게 의견을 낸다. 기사는 자신의 생각에 휩쓸리기 쉽다. 그 누구도 나를 막을 수 없다고 생각해 진실을 찾아내고야 말겠다고 다짐

한다.

만약 검의 기사 카드가 다른 카드를 향하고 있다면 그 카드는 기사가 지지하고 옹호하는 집단이나 주제, 입장을 나타낸다.

역방향

검의 기사 카드가 역방향으로 나왔다는 것은 당신 또는 주변의 누군가가 다른 사람에게 자신의 의견을 강요하다가 갈등을 일으키고 균형을 깨뜨린다는 의미다. 지적인 엄격함이 지나친 나머지 갈등 그 자체를 위한 갈등을 초래했고 그 결과 당신의 삶에서 인간관계가 삐걱거리며 의사소통은 성급해진다. 한편 이 카드는 과도한 열정 때문에 흥분해서 자제력을 잃는다는 뜻이기도 한다.

상징

바람을 뚫고 달리는 모습 대립
나비 공기, 생각의 완전한 변화
말 고삐의 하트 기사는 자신의 감정을 솔직하게 표현한다
새 공기, 고차원적 사고

검의 여왕

점성술 천칭자리에 있는 금성

키워드 분별력 있는, 독립적인, 지적인, 경계

검의 여왕은 비판적 사고를 하고 분별력이 뛰어나며 경계를 확실히 설정한다. 소프트웨어 엔지니어, 수학자, 정치가, 정치 이론가, 변호사처럼 생각이 명료하고 경계를 분명히 지키는 사람이 검의 여왕에 해당한다. 그들은 권위 있는 자리를 차지하며 원리 원칙을 중시한다.

검의 여왕 카드는 당신 또는 주변의 누군가가 독립적이고 자신의 약점을 드러내는 것을 꺼리며 대단히 똑똑하다는 의미가 있다.

견고한 가면 뒤에는 깊은 상처가 있지만 그 상처가 탈바꿈해서 분명하고 안전한 경계와 힘과 본능에 대한 예리한 이해를 얻었고, 대개 사사로운 일이 아니라 대의를 위해 냉철한 지성을 활용한다.

역방향

역방향일 때 검의 여왕 카드는 상처를 받은 사람을 가리킨다. 그들은 분개하고 앙심을 품고 있으며 언제나 비판한다. 엘리트주의자거나 비관주의자인 그들은 자신이 상처받은 그대로 다른 사람에게 상처를 준다. 그들은 속이 좁거나 심지어 잔인하기도 하다.

만약 당신이 그런 사람이라면 자신을 보호하고 다른 사람과 교류하되 상처받지 않도록 건강한 경계선을 설정하는 데 집중해라. 다른 사람들의 경계선 역시 존중해 주어라. 반면에 만약 주변의 누군가가 이런 사람이라면 상처받지 않도록 그 사람과의 사이에 분명한 경계선을 그어라.

검의 견습기사

PAGE of SWORDS.

검의 기사

KNIGHT of SWORDS.

QUEEN of SWORDS.

검의 여왕

KING of SWORDS.

검의 왕

상징

날개 달린 천사 에덴 동산을 지키고 보호함

적란운 생각, 계시

푸른 하늘 분명한 이해

나비 공기, 생각, 생각의 탈바꿈

새 공기, 생각

검의 왕

점성술 물병자리에 있는 토성

키워드 프로페셔널한, 이성적인, 야심 찬

검의 왕은 자신이 하는 모든 행동에 질서와 원칙을 적용한다. 그들은 엄격한 규칙을 수립하고 법률을 규정하는 권위자다. 의사, 학자를 비롯해 권력을 수반하는 지위에 있는 전문가가 여기에 해당한다. 가장 좋은 경우에 검의 왕은 공동체에서 정의한 규칙과 안전 기준을 시행하고 정의와 지적인 엄격함을 관장한다. 그들은 논리적이고 충실하며 명확한 시각으로 사물을 본다. 하지만 최악의 경우 독재주의자가 되어 버린다. 독재적인 검의 왕은 매정하고 고압적이며 잔인할 만큼 계산적이다. 일반적으로 검의 왕은 야심차고 지적이고 매력적이며 이성적이고 판단력을 갖춘 사람을 뜻한다. 보통 이들은 주변 사람에게 확신을 주고 안심하게 만들어서 차분하고 균형 잡힌 상황을 조성한다.

역방향

역방향일 때 검의 왕 기드의 야심과 권위는 무사미함으로 변해 버린다. 그들은 가차없이 권력을 남용하며 모든 것을 경쟁으로 인식한다. 당신 주변의 누군가가 이런 사람인데 그 사람이 따뜻한 마음을 되찾도록 도와줄 방법을 아는 경우가 아니라면 최대한 피하는 것이 좋다. 반면, 자신의 권력에 취해 자제력을 잃는 사람이 바로 당신이라면 한 걸음 내려서고 물러선 다음 한번쯤 다른 사람에게 지도자 자리를 넘겨 주어라. 그러면 값진 교훈을 얻을 수 있을 것이다.

상징

왕좌 위의 요정 요정들의 여왕인 티타니아

자주색 망토 직관

파란색 예복 명확함

나비 공기, 생각, 발전된 생각

새 공기, 고차원적 사고

마이너 아르카나: 지팡이

지팡이는 활발하게 움직이는 정신을 상징하며 생각을 구현하고 실행하는 사회적, 공적, 창의적 영역을 모두 아우른다. 가족과 공동체, 사회 속에서 우리의 역할을 나타내며 우리의 성격과 맡은 일을 보여준다. 지팡이의 특성은 열의, 에너지, 창의성이며 지팡이와 연관이 있는 원소는 불이다.

• 점성술: 불의 별자리—양자리, 사자자리, 궁수자리

지팡이 에이스

숫자 1 일치, 시작, 힘

점성술 불의 별자리 — 양자리, 사자자리, 궁수자리

키워드 창의적 추진력, 새로운 프로젝트

지팡이 에이스는 마치 마법 지팡이 같다. 명확한 비전과 결단력을 갖추고 있다면 이 지팡이의 에너지를 활용해 놀라운 일을 해낼 수 있다. 지팡이 에이스 카드는 새로운 프로젝트나 모험의 시작을 가리킨다. 당신은 영감을 얻고 에너지가 넘치며 힘이 솟아오르고 섹시해진다. 예술이나 성생활, 커리어, 공동체와 관련된 새로운 일을 위해 창의적 본능을 발휘한다.

　　지팡이 에이스 카드는 목표를 이루고 성공하는 데 필요한 실질적 기회와 자신감을 의미하지만 때로는 지나치게 열의가 넘치는 상황을 뜻하기도 한다. 이런 경우, 열의를 조금 줄이되 프로젝트나 모험은 계속해 나가야 한다.

역방향

역방향 지팡이 에이스 카드는 새로운 프로젝트를 시작하거나 목표를 달성하는 데 차질이나 지연이 발생한다는 것을 의미한다. 또한 의지력이나 비전의 부재, 확신이 흔들리는 상황, 창의력 고갈, 시작 단계의 실패 등을 가리킬 때도 있다. 인간관계와 관련해서는 식어 버린 열정이나 떨어져 지낸 시간, 신뢰 부족, 임신의 어려움 등을 암시하기도 한다. 필요에

따라 상황에 맞게 다시 조정해라.

상징

생기 있는 나뭇잎 새로운 노력

오른손 의지력

산 열망　　　　　　　　성 미래의 성과

지팡이 2번

숫자 2 이중성, 균형, 선택, 파트너십

점성술 양자리에 있는 화성

키워드 야심, 계획, 성공

지팡이 2번 카드에서는 지팡이 에이스의 야심 찬 에너지를 활용해 행동과 계획을 수립하기 시작한다. 당신은 선택 가능한 모든 길을 고려해 보고 앞으로 나아갈 수 있는 길을 택한다. 이 카드는 과학과 예술을 비롯한 여러 직종에서의 성취를 가리킨다. 당신은 훌륭한 일들을 이뤄 내거나 대단한 것들을 물려받았거나 어떤 일을 위해 노력해서 일찍 성공을 거뒀다. 하지만 그런데도 지평선을 바라보며 더 많은 것들을 성취하고 싶어 한다.

　　지팡이 2번은 예지력을 느낀다. 실행 계획을 세우고 완수해라. 하지만 서두르지는 마라. 일에서 어떻게 균형을 찾을까? 이런 균형을 이루려면 창의적인 파트너가 필요할까? 이 카드는 세상 경험이 많고

지팡이 에이스

지팡이 2번

지팡이 3번

영리하고 뛰어나며 창의적인 사람을 가리키기도 한다.

역방향

역방향일 때 지팡이 2번 카드는 새로운 일에 대한 성급함이나 안 좋은 타이밍을 뜻하거니 처음에는 성공적이었지만 제대로 마무리되지 않은 상황을 가리킨다. 또는 연애 상대나 업무상 파트너, 멘토, 문지기 역할을 하는 사람이나 안내자에 대한 잘못된 믿음을 나타낸다. 부모 역할을 하는 존재의 성취와 업적을 넘어서지 못했다는 기분이 들 수도 있다. 시간을 할애해서 자신의 계획과 야심을 재평가해 보아라.

상징

빨간 모자 대단한 성취를 이루고 상당한 영향력을 미치겠다는 생각에 따라 행동함 / 번영
지구 모양의 공 성장과 확장을 계획함
꽃으로 장식된 십자가 인간의 몸, 꽃을 피우듯 성장하는 의식 / 힘과 정의의 조화
요새의 성벽에 고정된 지팡이 이미 이뤄낸 성과
카드 속 인물의 키보다 더 큰 지팡이 열망과 비전
지팡이 기회의 문턱

지팡이 3번

숫자 3 통합, 창의성, 동적 균형

점성술 양자리에 있는 해

키워드 프로젝트의 출범, 생산성

지팡이 3번 카드는 세상에서 자신의 생각을 행동으로 옮기는 데 성공한다는 뜻이 있다. 카드 속의 상인은 화물이 실려 있는 배가 너머면 시장으로 떠나가는 모습을 바라보고 있다. 이 카드는 상업, 비즈니스, 기업가 활동 등 전통적인 분야뿐 아니라 행동주의, 비영리 활동, 공동체와 관련된 프로젝트 등 현대적인 분야까지 아우른다.

생각을 행동으로 현실화하기까지 상당한 노력을 들여 수많은 어려움을 극복해 낸 당신은 이제 본격적으로 프로젝트를 시작했다. 당신의 생각은 어느 정도 실현 가능한 수준이 되었기 때문에 스스로 가치 있고 인정받는다는 기분이 든다. 미래를 바라보고 전략을 세울 수 있다. 지팡이 3번 카드는 프로젝트와 관련해서 전체적인 큰 그림과 일상적인 세부 사항을 모두 신경써야 하는 상황을 의미한다. 지나치게 줌아웃해서 프로젝트의 현재 범위를 벗어나지 않아야 하고 또한 지나치게 줌인해서 전략적인 태도를 놓쳐서도 안 된다. 이 카드에 그려져 있는 상인이 지팡이 하나를 잡고 의지하고 있는 모습은 다른 사람의 도움이 여전히 필요하다는 것을 상징한다. 비전을 굳게 밀고 나가면서도 당신에게 도움과 협력을 제공하는 사람을 소중히 여겨라!

역방향

지팡이 3번 카드는 역방향일 때도 정방향인 경우와

마찬가지로 성공의 소식/기별이라는 뜻이 있다. 그러나 성공을 거두는 와중에도 같은 분야의 경쟁자, 부주의함, 행동과 계획 사이에 균형이 무너져서 실망스러운 일을 경험하거나 차질과 지연을 겪게 된다. 또한 의사소통과 관련된 문제가 발생하고 오해가 생겨날 수 있다. 당신은 이런 문제 때문에 자신의 프로젝트나 자기 자신에 대해 의구심을 갖게 될 수도 있지만 지금까지 거둔 성공은 여전히 확고하다.

상징

빨간색 예복 야심, 행동
녹색 예복 상업
멀리 보이는 산 생각을 실행에 옮김, 앞으로 더 많은 기회를 얻음
산 야심

지팡이 4번

숫자 4 물질적 성공, 구조, 질서

점성술 양자리에 있는 금성

키워드 축하, 보장, 평화

지팡이 4번 카드는 실질적 또는 비유적 의미의 수확을 축하하며 당신에게 가장 가까운 사람이 이에 기여한 바를 기린다. 카드에 그려져 있는 웨딩 아치는 꽃과 수확한 과일로 장식돼 있다. 이는 조화로운 협력 하에 공동체 차원의 노력을 기울인 덕분에 그동안 헌신했던 것이 결실을 맺었다는 의미다. 당신이 속한 공동체가 당신의 개인적 및 집단적 성취를 축하한다.

만약 당신이 지팡이 4번 카드 속의 인물처럼 이 카드가 상징하는 사건을 축하한다면 아마도 졸업이나 결혼처럼 사회적 지위와 직함이 달라지는 기념비적인 사건을 축하하는 상황일 것이다. 당신은 의기양양하고 기쁘다. 지팡이 3번 카드의 활동적이고 전략적이며 근면 성실한 에너지가 성공으로 이어졌고, 그동안의 노력 덕분에 이제는 잠시나마 안정과 평화, 조화를 누릴 수 있게 되었다. 이 카드는 이런 성취를 거둔 후에 가정생활과 공동체에 주어진 안정과 평화를 강조한다.

역방향

전반적으로 볼 때 지팡이 4번 카드는 역방향일 때도 정방향일 때와 같은 의미를 지닌다. 때로는 어떤 것이나 사람이 파티의 흥을 깨는 상황을 뜻하기도 한다. 어쩌면 당신이 누리고 있는 장점을 간과하거나 자신이 그런 것들을 받을 만한 자격이 없다고 생각하는 상황일 수도 있다.

상징

웨딩 아치/캐노피 집과 손님에 대한 환대
성 보호   **노란 배경** 의식, 기쁨, 실현

지팡이 5번

숫자 5 변화, 도전, 불확실성, 조정

점성술 사자자리에 있는 토성

키워드 경쟁, 갈등, 혼돈

지팡이 4번 카드의 안정과 휴식을 즐긴 후에 이제 다시 변화를 시도할 때다. 숫자 5는 다이내믹한 특성이 있으며 새로운 요소가 추가되는 것을 의미한다. 지팡이 5번 카드는 혼란스러운 시기를 상징한다. 당신은 속상하고 혼란스러우며 갈등을 겪거나 지긋지긋한 기분이 들고 경쟁심을 느낀다.

이 카드 속의 인물들은 싸우고 있는 건지 놀고 있는 건지, 어떤 구조물을 짓고 있는 건지 아니면 해체하고 있는 건지가 의도적으로 불분명하게 그려져 있다. 여러 에너지가 한데 모여서 어떤 상황을 해결하고자 노력할 때, 처음에는 그 안의 역학 관계를 이해하거나 결과를 예측하는 것이 불가능하기도 하다. 따라서 지팡이 5번 카드는 선의의 경쟁과 이에 필요한 만큼의 에너지부터 전면적인 싸움과 불필요한 혼란 또는 피해까지 뜻할 수 있다.

이 카드가 건강하거나 건설적인 경쟁 상황을 나타내는 경우도 많다. 경쟁에 참여한 사람들에게 모두 공평한 기회와 가능성이 주어졌기 때문에 당신의 의도와 계획을 시험하고 명확하게 정리하는, 흥미로운 시기가 될 수도 있다. 당신은 혁신을 이뤄 내거나 이런 압력과 인센티브가 없었다면 알지 못했을 자신의 다른 모습을 발견할지도 모른다. 그러나 이 카드는 내분을 의미하기도 한다. 동료, 가족, 공동체의 구성원, 또는 학교의 또래 친구들이 상이나 지위, 지배권을 두고 경쟁하는 과정에서 서로에게 등을 돌릴 수도 있다.

역방향

역방향일 때 지팡이 5번 카드는 당신이 갈등에 대처하거나 불안한 진실을 드러내거나 상황이 어떻게 흘러가는지를 지켜보는 대신 갈등을 무시하거나 억누르고 있다는 의미를 지닌다. 그런데 이 카드는 정반대로 해결책이나 화해와 협력을 제안한다는 뜻일 때도 있다. 또한 여러 가지 일들이 당신의 관심을 받으려고 서로 다투는 자신의 우선순위를 정함으로써 이렇게 혼란스러운 상황에서 빠져나온다는 것을 가리킨다.

상징

빨강과 초록 의지력의 충돌
맑고 푸른 하늘 긍정적인 결과를 얻을 가능성이 있음

지팡이 6번

숫자 6 조화, 통합, 수동성

점성술 사자자리에 있는 목성

키워드 승리, 인정, 메신저와 메시지

지팡이 6번 카드는 지팡이 5번 카드의 건설적인 경쟁과 혼란스러운 에너지 속에서 가까스로 살아남아 새로운 능력과 스킬을 활용해서 어떤 일을 해내는 모습을 가리킨다. 지팡이 5번 카드가 뜻하는 불확실한 환경에서 당신의 재능은 시험에 들었고 당신의 스킬은 시행착오를 거치면서 더욱 발전했으며 당신의 용기와 의지가 드러났다. 그런 시련 속에서 당신은 가족, 일, 더 넓은 공동체와 의사소통하는 새로운 방법을 고안해 냈다.

지팡이 6번 카드에는 전투나 투쟁에서 승리한 인물이 그려져 있다. 아니면 놀라운 소식을 전해 주는 메신저를 뜻할 수도 있다. 이 카드는 당신의 주변 사람들이 입증하거나 인정한 새로운 차원의 능력을 가리키기도 한다. 때로는 승진으로 인정받을 수도 있다. 당신의 성취나 승리는 많은 사람에게 도움이 되고 당신 또한 이를 통해 폭넓은 지지와 존경을 얻고 성공을 거두고 인정받을 수 있다. 노력은 결실을 맺었고 이제 당신은 성공의 혜택을 누릴 수 있게 되었다.

역방향

역방향일 때 지팡이 6번 카드는 보상이나 승진이 연기되었다고 하더라도 나중에는 이루어질 것이라는 의미다. 또 어떤 사람 때문에 실망하게 된다는 뜻이기도 하다.

상징

머리와 지팡이 위의 월계관 승리, 권력, 폭넓은 지지와 존경
녹색 옷 새로운 삶
바짝 당긴 고삐 차분하고 능숙하게 권력과 에너지를 행사함

지팡이 7번

숫자 7 영성, 시험

점성술 사자자리에 있는 화성

키워드 용기, 자기 방어, 단호함, 고집

지팡이 7번 카드에는 말 그대로 높은 곳에 서 있는 인물이 자신을 공격하는 지팡이 여섯 개를 지팡이 한 개로 막아내는 장면이 그려져 있다. 투쟁―도피 상황에서 이 사람은 강경한 태도를 취하고 맞서 싸우기로 결심한다. 이 카드는 괴롭힘이나 자리를 위협하는 사람들에 맞서 자기 자신과 신념을 방어하거나 보호한다는 뜻이다. 어려운 상황에 부닥친 것은 사실이지만 자신이 궁지에 빠지도록 내버려 두거나 행동을 취하기 전에 너무 오래 시간을 지체하지만 않는다면 확실히 극복해낼 수 있다.

만약 지팡이 7번 카드의 특성이 과장된 형태로 드러난다면 지나치게 방어적이거나 비판에 예민하게 반응할 수도 있다. 궁극적으로 이 카드는 당신의

지팡이 4번

지팡이 5번

지팡이 6번

지팡이 7번

입장을 견지한다는 뜻도 지닌다. 고집 때문이든 두려움이나 자신의 믿음에 대한 확신, 또는 진정으로 소중한 것을 지키기 위한 더 높은 차원의 소명 때문이든 당신은 자신에게 중요한 것을 지키고 있다.

역방향

역방향일 때 지팡이 7번 카드는 망설이고 불안해하거나 우유부단해서 자기 자신을 지키는 데 어려움을 겪는 상황을 가리킨다. 당신은 무방비 상태가 아니다. 심호흡을 하고 어려운 상황을 타개해 나가라.

상징

높은 곳에 서 있는 모습 도덕적 우위
푸른 하늘 투명한 양심
녹색 자연, 성장, 힐링

지팡이 8번

숫자 8 항해, 번영, 권위

점성술 궁수자리에 있는 수성

키워드 움직임, 가속, 의사소통

지팡이 8번 카드는 움직임과 가속을 의미한다. 새로 시작한 프로젝트나 관계, 애정을 추구하는 활동이 동력을 얻고 궤적의 정점에 도달하는 시기다. 자신이 무엇을 원하는지, 어디에 도착하고 싶은지 알고 있다. 당신은 노력을 기울이고 있는 일을 성공으로 이끄는 데 필요한 모든 것을 기꺼이 해낼 준비가 되어 있고 그럴 만한 능력을 갖추고 있다.

의사소통을 상징하는 지팡이 8번 카드는 목표 달성과 관련된 다양한 의사소통을 가리킬 수도 있고 당신에게 어떤 메시지가 전달될 것이라는 의미일 수도 있다. 여덟 개의 지팡이가 날아가는 모습은 급격한 변화나 전환을 뜻한다. 또한 따라가려면 한번에 많은 일을 해내야만 한다는 것을 가리킨다. 여러 일이 활발하게 일어나고 아직 불확실한 상태다. 당신은 어떤 결과를 얻게 될지 알아내고 싶어서 조바심이 들 수도 있다. 아울러 이 카드는 어떤 장소에서 다른 장소로 전환하고 이동하는 상황을 뜻하기도 한다.

지팡이 8번 카드는 당신이 한 번에 너무 많은 일들을 하려고 애쓰느라 균형을 잃는 상황을 가리킨다. 즉, 이 모든 에너지를 쏟을 만한 의미가 없으며 불필요하게 바삐 움직이고 과잉 자극 상태에 놓여 있다는 뜻이다.

역방향

역방향일 때 지팡이 8번 카드는 끊임없는 활동 때문에 스스로 녹초가 되었다는 것을 암시한다. 당신은 뜻한 바를 이루지 못하고 있으며 우선순위를 정하는 것을 거부하거나 번아웃을 겪고 있다. 여유를 가져라. 한편 지팡이 8번 카드가 역방향으로 나왔다는 것은 당신이 이 카드의 활발함을 받아들이기 꺼려한다는 뜻이다. 당신은 일을 미루고 질질 끌고 있으며 지금 이 상황에 맞는 속도보다 더 느리게 움직이고 있다. 얼른 행동을 취해라.

상징

푸른 하늘 명징함

강 흐름

지팡이 9번

숫자 9 완성, 명상, 목표 달성

점성술 궁수자리에 있는 달

키워드 감시, 보호, 방어

지팡이 9번의 주제는 자신의 경계를 지키는 것이다. 이 카드에 그려진 인물은 이미 전투에서 부상을 입어 머리에 붕대를 감은 상태인데도 자기 자신과 자신이 성취한 것들을 지키려는 열의에 불타고 있다. 지팡이 9번 카드는 당신이 싸움 때문에 지친 상태에서 과도한 반응을 보이는 것일지도 모르지만 공격으로부터 자기 자신을 방어해야 한다고 진심으로 믿고 있다는 뜻이다.

자신이 추구하는 이상 때문에 자기 자신을 방어하려는 지팡이 7번 카드와는 달리, 지팡이 9번 카드의 방어적인 태도는 거의 습관에 가깝다. 이 카드에는 공격자가 다가오는 모습이 보이지 않는다. 그런

데도 카드 속 인물은 자신이 공격받을 것이라고 예상하고 있다. 지금 이렇게 경계 태세를 취할 필요가 있는지 자신에게 물어보라. 앞으로 준비된 자세로 맞닥뜨려야 할 문제가 있는가? 만약 그렇다면 문제를 해결하는 것이 아니라 방어 태세를 취하는 것이 과연 최선의 방법일까? 아니면 혹시 피해망상에 사로잡힌 것은 아닐까?

지팡이 9번 카드는 당신 또는 지금 이 순간 당신에게 중요한 사람이 터프하고 단호한 생존자이며 강력한 위치를 차지하기까지 수많은 어려움을 헤쳐 왔다는 것을 가리킨다. 이 카드는 당신이 자기 자신이나 다른 사람의 약한 면을 어떻게 대하는가를 관찰하라고 권한다. 또한 에너지를 아끼거나 조금 더 부드럽게 다가가라고 조언한다.

역방향

역방향일 때 지팡이 9번 카드는 당신이 전투로 지쳐 있고 낙심한 상태라는 것을 알려 준다. 당신이 얼마나 많이 싸우든 간에 합리적이지 않거나 요구사항이 많은 사람(들)은 절대로 물러나지 않는다. 당신은 포기하기 일보 직전에 있다. 지나치게 방어적인 태도를 취하는 건지, 아니면 실제로 자신을 방어해야 할 상황인지 곰곰이 생각해 보라. 어느 쪽이든 당신의 전술에 변화를 줘라.

상징

지팡이 울타리 책임과 성취

지팡이 8번

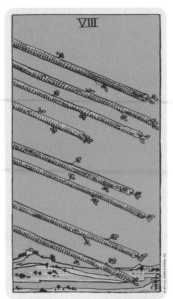

지팡이 9번

지팡이 10번

돌로 된 바닥 탄탄한 토대, 확실한 기반
머리에 감은 붕대 과거의 고난

지팡이 10번

숫자 10 (성공이나 고난의) 절정, 시작과 끝

점성술 궁수자리에 있는 토성

키워드 책임, 부담, 힘

지팡이 10번 카드는 당신이 사회, 가정 또는 커리어와 관련된 책임 때문에 부담을 느끼는 상황을 가리킨다. 어쩌면 당신은 너무 많은 일을 맡았는지도 모른다. 이 카드는 자신이 맡은 일을 그럭저럭 해낼 능력이 있는 사람임을 보여 준다. 카드 속 인물의 등은 지팡이 열 개의 무게에 짓눌려 굽은 상태지만 그래도 조금 더 짐을 지고 나아갈 수 있을 만큼 강인하다. 앞에 놓인 길은 명확하며 이 사람은 집에 거의 다 도착했다.

당신은 결승선에 다 왔지만 자신이 어디로 가고 있는지 알지 못한다. 짊어지고 있는 짐 때문에 말 그대로 목적지가 눈에 보이지 않는 상황이기 때문이다. 지팡이가 짐이 되기는 하지만 그나마 한데 똘똘 뭉쳐 있다. 이는 목적과 비전의 일치를 나타낸다. 이 카드는 결말과 마지막 힘을 다하는 모습을 뜻한다. 힘과 끈기를 발휘하고 우선순위를 설정하고 예측하려고 노력한다면 당신은 지금 이 순간을 견뎌내

안도하고 보상받을 수 있을 것이다.

만약 지팡이 10번 카드가 리딩에 자주 등장한다면 항상 그렇게 많은 짐을 지고 있는 것이 과연 건강한 일인지 곰곰이 생각해 보아라. 그리고 어떻게 하면 그 짐을 줄일 수 있을지 고민해라.

역방향

역방향일 때 지팡이 10번 카드는 스트레스가 지속되는 상태와 짐을 내려놓기를 꺼리는 상황을 나타낸다. 어쩌면 당신은 자신이 어떤 것을 원하고 무엇을 필요로 하는지 모르는 상태에서 모든 사람을 행복하게 하려고 애쓰고 있는지도 모른다. 우선순위를 정하고, 위임하며, 건강을 회복하는 데 시간을 할애해라. 그리고 장기적인 목표를 다시 기억해라.

상징

푸른 하늘 상황이 정리될 예정임
농지 비옥한 땅, 추수를 위한 노동

지팡이의 견습기사

점성술 양자리에 있는 화성

키워드 영감을 얻은, 열정적인, 좋은 소식

지팡이의 견습기사는 영감이 있으며 자신감이 넘치고 활기차다. 그들은 나이가 젊거나, 마음만은 젊고

기운차다. 모험을 만들고 경험하는 것을 좋아하며 진실하고 믿을 수 있는 사람이다. 지팡이의 견습기사가 자신의 특성을 의미할 수도 있고 아니면 그런 특성을 지닌 사람이 현재 당신의 인생에 미치는 영향을 가리킬 수도 있다.

견습기사는 해당 슈트의 영역을 배워 나가는 초심자다. 지팡이 슈트는 가족과 공동체 안에서의 사회적 역할 및 창의적 영감을 나타내므로 지팡이의 견습기사는 영감을 얻은 젊은 이상주의자를 가리킨다. 마음만은 젊은 사람이나 어떤 공동체, 분야에 새로 들어온 사람도 해당된다. 그들은 흥미와 호기심이 있으며 세상에서의 자기 정체성과 역할을 궁금해한다.

또한 견습기사가 메신저 또는 메시지로 드러날 수도 있다. 지팡이 슈트는 의사소통과 관련이 있기 때문에 좋은 소식을 듣거나 가족 또는 직장에서 전화나 이메일을 많이 받게 될 것이다.

역방향

지팡이의 견습기사 카드가 역방향으로 나왔다는 것은 이 카드의 정방향 특성이 잠재돼 있다는 뜻이다. 두려움이나 지루함 때문에 당신의 창의력과 에너지, 모험심이 차단된 상태다. 또한 역방향일 때 이 카드는 당신이나 당신에게 영향을 주는 주변 사람이 신나는 일에 지나치게 몰두한 나머지 직장에서 처리해야 할 일을 소홀히 하거나 관계에서 신경 써야 할 부분을 소홀히 한다는 의미이기도 하다.

상징

튜닉에 그려진 도롱뇽 영적인 부활
빨간 깃털 활력, 에너지, 열망
피라미드 문화적, 영적, 창의적 성취에서 얻은 영감

지팡이의 기사

점성술 궁수자리에 있는 목성

키워드 열렬한, 열정적인, 영감을 얻은

지팡이의 기사는 전체 덱에서 가장 강렬한 카드일지도 모른다. 기사는 욕구와 영감, 분노와 열의 사이를 계속 오간다. 어떤 것도 그들의 열정을 누그러뜨릴 수 없을 듯하다. 이 카드는 당신 또는 주변 사람이 항상 또는 지금 야심 차고 열의가 넘치거나 영감을 받은 상태라는 뜻이다.

지팡이의 기사는 에너지가 넘치고 목적이 분명한 시기를 가리킨다. 욕구, 섹슈얼리티, 창의적인 프로젝트를 향한 열정적인 작업이 두드러지는 시기다. 만약 지팡이의 기사 카드가 스프레드에서 다른 카드를 마주하고 있다면 그 카드는 지팡이의 기사가 에너지를 쏟는 대상이나 영역을 나타낸다.

역방향

역방향 지팡이의 기사 카드는 당신 또는 주변 사람의 성격이 지나치게 강한 상황을 뜻한다. 경쟁심과

이기심이 심해진 상태다. 정방향 지팡이의 기사 카드의 순수한 특성인 영감과 창의적인 열정을 되찾을 수 있도록 당신 또는 주변 사람을 도와주어라. 한편 이 카드가 역방향으로 나왔다는 것은 정방향 기사의 특성이 불안함 때문에 차단된 상태라는 의미다. 자신의 순수한 열정에서 다시 영감을 얻고 나아갈 방향을 찾아라.

상징

불꽃 또는 빨간 깃털 불, 정열, 욕구, 에너지, 추진력
피라미드 문화적, 영적, 창의적 성취
튜닉에 그려진 도롱뇽 불, 영적 회복력

지팡이의 여왕

점성술 양자리에 있는 화성 혹은 사자자리에 있는 해

키워드 예언자, 기업가, 자신감

지팡이의 여왕은 의욕이 넘치고 창의적인 예언자다. 친절하고 영감을 주고 카리스마가 넘치는 지팡이의 여왕은 커다란 네트워크를 만들어 그 안에서 아이디어를 얻고 전달하고 발전시킨다. 그들은 자신감과 야심으로 가득한 리더나 기업가다. 그들의 강력한 비전과 혁신은 영감을 북돋우며, 현실적인 감각을 잃지 않으면서도 영감을 주는 에너지는 다른 사람들에게 전염된다.

지팡이의 여왕 카드는 당신 또는 당신에게 영향을 주는 주변 사람이 이런 특성을 지니고 있다는 것을 알려 준다. 만약 지팡이의 여왕 카드의 특성이 당신의 삶을 이끌어 가고 있다면 당신은 프로젝트에서 성공하고 이를 뒷받침하는 사회적 네트워크를 누리고 있을 것이다. 당신은 리더이자 예언자이며 수많은 사람에게 멘토, 동료, 협력자, 또는 친구로서 환영받는 존재다.

역방향

역방향 지팡이의 여왕은 의지가 강하고 지배하려 든다. 이 카드가 역방향으로 나왔다는 것은 당신의 어머니 또는 의지가 강한 주변 사람과 갈등이 발생하는 상황이라는 뜻이다. 이런 경우, 카드 위치와 스프레드의 다른 카드를 살펴보면서 얻은 통찰을 바탕으로 갈등의 속성을 파악하고 해결책을 찾아보라.

만약 다른 사람에게 이래라 저래라 하거나 의지가 강한 사람이 당신이라면 창의력과 영감을 되찾고 자신의 프로젝트를 만들고 관리하는 능력을 되살려 보아라. 다른 사람이 당신의 창의적인 잠재력을 믿고 자신의 길을 걸어갈 수 있도록 도와주어라. 당신의 창의적 작업이 빛을 발할수록 다른 사람들이 조언과 도움을 요청할 것이다.

상징

해바라기 성장, 에너지, 비전
사자와 고양이 힘, 용기, 리더십, 마법, 세크메트(이

지팡이의 견습기사

지팡이의 기사

지팡이의 여왕

지팡이의 왕

집트 신화에서 치유와 전쟁의 신)
노란색 의식적 사고, 기쁨, 생각의 실현

지팡이의 왕

점성술 사자자리에 있는 해

키워드 현명한, 카리스마 넘치는, 성공적인

지팡이의 왕은 카리스마가 넘치고 세상 경험이 많고 현명하며 의사소통에 능하고 열정적이다. 자유로운 영혼인 그들은 자신의 분야에서 일가를 이루었고 열정과 절제력이 있다. 대화와 여행을 좋아하며 모든 것을 관장한다. 지팡이의 견습기사나 지팡이의 기사가 성장하면 지팡이의 왕이 된다. 지팡이의 왕은 영적 지도자 역할을 하는 원로, 배우 또는 CEO일 수도 있다.

지팡이의 왕은 위험을 감수하지만 자기 분야에서 뛰어난 스킬을 보유하고 있고 에너지가 넘치기 때문에 걷잡을 수 없는 상황이 닥치기 전에 문제를 파악한다. 지팡이의 왕 카드는 당신 또는 당신에게 영향을 미치는 사람의 특성을 나타낼 수 있다.

만약 지팡이의 왕 카드의 특성이 현재 부닥친 상황을 묘사한다면 당신은 탁월한 수준의 창의성을 드러내며 자신의 관계와 역할에 확신이 차 있는 상태일 것이다.

역방향

역방향 지팡이의 왕 카드는 독선적이고 충동적이며 경쟁심과 통제하려는 욕구가 강해서 사소한 것까지 간섭하거나 심지어 폭군처럼 타인을 억압하는 사람을 가리킨다. 만약 지금 당신의 모습이 이렇다면 열정보다 자신을 제어하는 것이 중요하다. 당신의 분노를 다른 쪽으로 전환하고 영적 탁월함과 창의적 표현, 리더십에 집중해라. 이런 방면에 열정을 쏟는다면 더욱 뜻깊은 성공을 거둘 수 있고 당신의 힘에 영향받는 많은 사람들이 골치 아파하는 상황을 피할 수 있을 것이다. 만약 역방향 지팡이의 왕 카드가 당신에게 영향력을 행사하고 있다면 카드의 위치와 스프레드의 다른 카드들을 살펴보면서 문제의 속성을 파악하고 해결책을 강구해 보아라.

상징

주황색과 빨간색 불, 영적인 힘, 에너지, 활력, 야심
도롱뇽 불, 영적인 힘, 회복력
사자 힘, 용기, 활력, 리더십

THE CHARIOT.

THE HIGH PRIESTESS.

THE SUN.

VIII

III

KNIGHT of CUPS.

III

ACE of PEN

II

VI
THE LOVERS.

IV

XVII
THE STAR.

VI

XI
JUSTIC

X

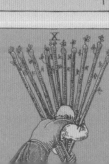
X

I

IV

XVI

결론

당신이 타로를 통해 자신의 직관력을 활용하고 자기 발견과 성장을 도모하는 데 이 책이 도움이 되었다면 좋겠다. 메이저 아르카나와 마이너 아르카나 카드들에 관한 설명과 더불어 제4장에서는 타로 카드와 교감을 나누는 방법을 몇 가지 제안해 보았다. 타로를 활용해 심오한 의미를 끊임없이 찾고 자신의 통찰력에 귀기울이고 자신에게 더욱 충실해진다면 당신은 예전에는 상상하지 못했던 가능성을 누리며 살아갈 수 있을 것이다.

우리는 이 책에서 평범하면서도 마법을 지닌 타로 카드의 역사와 기능을 살펴 보았다. 처음에는 간단한 카드 게임으로 시작해서 다양한 상징이 이것저것 더해지기는 했지만 타로라는 영적 도구는 우리 내면 깊은 곳의 진실을 일깨우는 힘이 있고 우리는 타로의 정확성에 깜짝 놀라곤 한다. 이 책에서 리딩 장소를 준비하고 덱을 간수하는 법을 소개한 이유는 의식의 중요성을 알려 주고 싶어서이다. 하지만 당신의 능력을 활용해 자기만의 타로점 치는 법을 만들어 내는 것도 좋다.

앞으로 타로를 더 깊이 이해해 나가는 과정에서 카드를 연구할 때는 진지하게 임하되 자신의 믿음을 따라가라. 실제 타로 리딩을 해 봐야만 배울 수 있는 리딩 스킬이 정말 많다. 그러니 자기 자신을 믿고 앞으로 나아가라. 마치 타로 카드의 바보처럼 일단 믿음의 도약을 해야만 자신의 능력에 대한 자신감을 얻을 수 있다는 사실을 명심해라.

타로 카드가 당신에게 들려주는 이야기를 믿어라. 듣기 좋은 말을 할 때만 타로 카드를 믿고 싶은 유혹을 느끼겠지만, 달갑지 않은 메시지가 오히려 나중에는 가장 고마운 이야기가 될 수도 있다. 당신이 가장 많은 것을 배우고 성장하고 자신의 한계를 벗어나 자유를 느끼도록 해 주기 때문이다.

당신이 자신의 타로 카드와 계속 교감을 나눌수록 믿음을 찾아내고 받아들이기 더욱 수월해질 것이다. 그러면 살아가면서 더욱 자신 있게 결정을 내릴 수 있고 더욱 뜻깊은 삶을 살 수 있게 된다. 믿음이 다가오리라는 것 또한 믿어라.

당신은 추상적인 것과 구체적인 것, 잠재된 것과 실제적인 것, 타로 카드와 당신의 삶 사이의 연결고리를 이해하는 능력을 얻게 될 것이다. 또한 자신의 통찰을 표현하는 과정에서 스스로 더욱 성장하고 만나는 모든 사람에게 희망과 행복을 줄 수 있게 될 것이다. 이를 통해 당신은 자유와 무한한 사랑을 얻게 될 것이다.

부록
카드 & 키워드 빨리 찾기

메이저 아르카나 카드의 의미

카드	정방향 키워드	역방향 키워드
0. 바보	믿음의 도약, 순수함, 모험	충동적인, 감정을 표현하기를 꺼리는
I. 마법사	창의성, 실현, 능력	권력 남용, 무기력함
II. 여사제	내면의 지식, 직관, 이중성 / 이원성	비밀, 기만, 직관을 무시함
III. 여황제	아름다움, 모성, 창의성	모성과 관련된 어려움, 어머니와의 갈등, 창의력 고갈
IV. 황제	믿음직함, 부성, 책임감	신뢰할 수 없음, 쿠데타, 혁명
V. 신비사제	교육, 지식, 종교, 순응	리더십 부족 또는 자유로운 영혼을 지닌 선지자 / 예지자
VI. 연인	연결, 실현, 사랑, 선택	유혹, 우유부단함, 배신
VII. 전차	모멘텀, 돌파구, 여행	통제 불능, 실망
VIII. 힘	연민, 인내, 권력	강압적인, 소극적인
IX. 은둔자	지혜, 탐색자, 내면의 소리	차단된
X. 운명의 수레바퀴	변화, 패턴, 운	정지, 종결, 운명을 거부하는
XI. 정의	균형, 객관성, 공정성, 공평	불평등 / 부당함

메이저 아르카나 카드의 의미

카드	정방향 키워드	역방향 키워드
XII. 매달린 사람	신뢰, 자기희생, 기다림	절망, 믿음의 상실, 과도한 자기희생
XIII. 죽음	끝, 완전한 변화, 비탄, 부활	두려움, 혼란, 완전한 변화를 거부함
XIV. 절제	창의성, 예술, 치유, 균형	불균형, 방종, 결핍
XV. 악마	활력, 놀이, 유혹, 억압	해방, 단절
XVI. 탑	파괴, 결과, 재앙, 해독	집중 공세 속에 갇혀 있음
XVII. 별	우리를 이끌어주는 비전, 치유, 창의성	과도한 순진함, 쉽게 잊는 성향, 냉소주의
XVIII. 달	꿈, 본능, 위기	트라우마, 감정이 점점 쌓여감, 과거의 패턴에 갇혀 있음
XIX. 해	기쁨, 성공, 건강, 아이들	정방향일 때의 의미와 동일함 또는 소중한 것의 상실
VIII. 힘	연민, 인내, 권력	강압적인, 소극적인
XX. 심판	더 높은 차원의 소명, 비판, 개인적 판단, 용서	지나치게 비판적임
XXI. 세계	완성, 축하, 완전함	한계 속에서 일해야 하는 상황

마이너 아르카나 카드의 의미: 컵

카드	정방향 키워드	역방향 키워드
컵 에이스	사랑, 기쁨, 영성	영적 이기주의, 창의력 또는 감정의 고갈
컵 2번	파트너십, 우정, 협력	의사소통의 오류, 상호의존성
컵 3번	축하, 우정, 동지애	친구들에 대한 과도한 의존, 인정을 갈구함, 지나치게 성급한 축하
컵 4번	휴식, 심사숙고, 지루함, 무관심	다시 참여함 또는 불만
컵 5번	비탄, 비애, 애도	심각한 상실 또는 슬픔을 견뎌내고 회복함, 도움을 받음
컵 6번	어린시절의 안락함, 향수	향수 또는 불행했던 어린시절의 기억
컵 7번	환상, 창의성, 유혹	착각, 환상 또는 유혹에 저항함
컵 8번	떠남, 방랑, 탐색	방황, 인내심 부족 또는 집으로 돌아옴
컵 9번	주인 노릇, 환영, 즐김	즐길 자격이 없음, 탐닉
컵 10번	가족간의 사랑, 화목함, 기쁨	가족간의 사랑, 조화에 대한 위협, 이상에 집착한 나머지 주의가 분산됨
컵의 견습기사	순수함, 풍부한 상상력, 공상가, 고무적인 소식	미숙함, 무책임함, 충동적임
컵의 기사	로맨스, 이상주의, 열정, 영감	영적인 삶의 차단, 거절, 관계에서의 소유욕
컵의 여왕	양육, 치유	우울, 피해 의식, 감정적으로 진이 빠진 상태
컵의 왕	차분함, 의지할 수 있는 존재	불안, 수치심, 증오심, 배신

마이너 아르카나 카드의 의미: 펜타클

카드	정방향 키워드	역방향 키워드
펜타클 에이스	완벽, 만족, 번영	금전적으로 실망스러운 상태, 물질만능주의, 낭비
펜타클 2번	저글링, 균형잡기	일과 삶의 불균형, 진이 빠진 상태, 어쩔줄 몰라함
펜타클 3번	뜻깊은 일, 공동 작업, 명성	지루함, 그저 그런 평범함 또는 번아웃
펜타클 4번	안전, 인색함	금전적 도움이 필요한 상황, 인색함
펜타클 5번	역경, 공동체의 회복력	신체적 또는 금전적 회복
펜타클 6번	관용, 사회 정의	관용을 당연시함
펜타클 7번	투자, 불확실성, 인내	책임 회피
펜타클 8번	힘든 일, 집중, 교육, 훈련	과로, 커리어에 대한 불만
펜타클 9번	은퇴, 번영, 안락함	외로움, 후회
펜타클 10번	세대, 공동체의 자원, 기반	금전, 재산, 가치관의 차이로 인한 가족간의 갈등
펜타클의 견습기사	견습생, 근면 성실, 경외심, 금전에 관한 희소식	물질만능주의, 낭비, 재산이나 금전에 관한 달갑지 않은 소식
펜타클의 기사	부양자, 책임감 있는 태도, 건설, 안전	타성, 고집, 냉소적인, 소홀한
펜타클의 여왕	다재다능한, 실용적인, 관대한	의존적인, 제대로 관리하지 못함
펜타클의 왕	부양자, 인정받는, 안전	탐욕, 물질만능주의, 부패, 도박

마이너 아르카나 카드의 의미: 검

카드	정방향 키워드	역방향 키워드
검 에이스	지성, 성공, 결정	갈등, 권력 남용
검 2번	우유부단함, 머뭇거림, 직관	잘못된 판단, 편들기 또는 새로 확실히 마음먹음
검 3번	슬픔, 비통, 카타르시스	고통이 약화됨
검 4번	회복, 휴식, 심사숙고	회복하기까지 오랜 시간이 걸림
검 5번	갈등, 실패, 패배	불공평한 싸움, 괴롭힘, 억압
검 6번	여행, 관점, 앞으로 나아감	어려운 상황에 갇혀 있음
검 7번	몰래, 계산적인, 훔침	부정직함, 신뢰할 수 없음
검 8번	마비, 제약, 배척	신각한 우유부단함 또는 해방
검 9번	불안, 공황 상배, 불면증	어려운 일을 해냄
검 10번	배신, 험담, 해소	잘못에 대한 책임, 더 많은 위기가 닥침
검의 견습기사	영리한, 경쟁적인, 사소한 파워 플레이, 유용한 정보 또는 계약	소문과 험담, 평판의 손상, 조종
검의 기사	지적인, 대립, 옹호	갈등, 자제력 상실
검의 여왕	분별력 있는, 독립적인, 지적인, 경계	분개심, 앙심
검의 왕	프로페셔널한, 이성적인, 야심 찬	무자비함, 권력 남용, 과도한 경쟁심

마이너 아르카나 카드의 의미: 지팡이

카드	정방향 키워드	역방향 키워드
지팡이 에이스	창의적 추진력, 새로운 프로젝트	지연, 의지력 부족, 식어버린 열정
지팡이 2번	야심, 계획, 성공	안좋은 타이밍, 제대로 마무리되지 않은 상황
지팡이 3번	프로젝트의 출범, 생산성	성공 속의 지연, 가벼운 실망, 의사소통과 관련된 문제
지팡이 4번	축하, 보장, 평화	정방향일 때의 의미와 동일함 또는 축하의 흥이 깨지거나 무시당함
지팡이 5번	경쟁, 갈등, 혼돈	갈등을 무시하거나 억누름 또는 협력 또는 우선순위 설정
지팡이 6번	승리, 인정, 메신저와 메시지	승진 연기, 실망
지팡이 7번	용기, 자기 방어, 단호함, 고집	갈등 회피
지팡이 8번	움직임, 가속, 의사소통	무의미한 활동 또는 질질 끌고 미루는 행동
지팡이 9번	감시, 보호, 방어	전투로 지친 상태, 포기
지팡이 10번	책임, 부담, 힘	스트레스, 우선순위를 정하지 못함
지팡이의 견습기사	영감을 얻은, 열정적인, 좋은 소식	에너지가 차단됨 또는 흥분에 지나치게 탐닉함
지팡이의 기사	열렬한, 열정적인, 영감을 얻은	경쟁심이 강한, 자기중심적인, 불안정한
지팡이의 여왕	예언자, 기업가, 자신감	지배하려 드는, 지배적인 성향을 지닌 다른 사람과의 갈등
지팡이의 왕	현명한, 카리스마 넘치는, 성공적인	경쟁심이 강한, 사소한 것까지 간섭함, 폭군처럼 타인을 억압함

모두의 타로

멕 헤이어츠 지음 최경은 옮김 최현주 감수

초판 1쇄 발행일 2022년 1월 21일 개정판 5쇄 발행일 2023년 8월 1일

펴낸이 이숙진 펴낸곳 (주)크레용하우스 출판등록 제1998-000024호

주소 서울 광진구 천호대로 709-9 전화 (02)3436-1711 팩스 (02)3436-1410

인스타 @bizn_books 이메일 crayon@crayonhouse.co.kr

* 빛은책들은 재미와 가치가 공존하는 ㈜크레용하우스의 도서 브랜드입니다.

* KC마크는 이 제품이 공통안전기준에 적합하였음을 의미합니다.

ISBN 978-89-5547-931-7 04186
ISBN 978-89-5547-899-0 04180 [SET]